核なき平和を求めて

原爆で生き残った最後の経営者

自然美グループ創業者
萩原 俊雄

知道出版

核なき平和を求めて　目次

はじめに

我が人生の師、ＳＧＩ（創価学会インターナショナル）会長、池田大作先生の畢生《ひっせい》の大著『人間革命』の冒頭には、次の言葉が掲げられている。

「戦争ほど、残酷なものはない。
戦争ほど、悲惨なものはない。
だが、その戦争はまだ、つづいていた。
愚かな指導者たちに、ひきいられた国民もまた、まことにあわれである」
（『小説　人間革命』第一巻）

さらにこれと対になる言葉が『小説　新・人間革命』の冒頭に掲げられている。

「平和ほど、尊きものはない。
平和ほど、幸福なものはない。
平和こそ、人類の進むべき、根本の第一歩であらねばならない」

（『小説　新・人間革命』第一巻）


池田先生の絶対平和主義の宣言ともいえる言葉である。

私の人生において、感動と共に胸に刻んだ言葉でもある。

この言葉は、単に信仰を共にする同志に向けられた言葉ではない。第二次世界大戦において敗戦に打ちひしがれたすべての日本人に向けられた言葉であるかもしれない、と当時は思っていた。

しかし、今改めて、この一節を目にして思うところは、ここに込められた池田先生の真の思いとは、全人類に向けられた平和への祈りと戦争に対する怒りではないかと思える。


二十世紀は「戦争と革命の時代」と言われる。人類の歴史において世界戦争が二度にわたって引き起こされ、ロシア革命、中国革命、キューバ革命をはじめとする社会主義革命が世界を席巻《せっけん》した時代でもあった。

だが、二十一世紀に至る今日においてもなお、人類は戦争と無縁の世界に生きることはできていない。しかし、今後、世界規模の戦争が起これば、間違いなく人類は歴史に終止符を打つことになるだろう。

それは絶対に阻止しなければならない。それを絶対に許してはならない。

クラウゼヴィッツの『戦争論』によれば、「戦争とは、他の手段をもってする政治の継続」と指摘されている。人間の社会がある限り、政治というものはつきまとう。したがって、政治の継続である戦争もまた続くことになる。『戦争論』が教えるところを敷衍《ふえん》するならば、そういう結論になる。

だが、それは理屈上の話だ。次の戦争は、石原莞爾《いしはらかんじ》の言葉を借りるならば、「最終戦争」となる。

次の戦争には、勝者はもはや存在しない。死ぬ者と生き残る者だけ。しかも、生き残った者も、核戦争後は、それほど長くは生きられない。つまり、次の戦争の後は、地球は核兵器が放出した大量の放射能によって生き物が死に絶える「死の星」となる。

これまで人類の築き上げた文明は、すべて灰塵《かいじん》に帰す。

これまでの人類のすべての営為は、無意味なものとなるのである。

だから、絶対に次の戦争は阻止しなければならない。

私は、二〇一八年四月には数えで八十歳を迎え、昔の言い方では〝傘寿《さんじゅ》〟ということになる。元気で日々を送れるのは、あと幾《いか》ばかりであろうか。したがって、この本は私の遺書といってもいいものである。

『小説　人間革命』は、そのタイトルは耳にしたことがあったとしても、内容については詳《つまび》らかではないだろう。

この大著の全編を貫くテーマは明快である。

「一人の人間における偉大な人間革命は、やがて一国の宿命転換をも成し遂げ、さらには全人類の宿命の転換をも可能にする」

ということである。

すべての人間に秘められた可能性は、絶大なものがあることを示している。

そして、著者である池田先生は、身をもって、その『小説　人間革命』の主題を体現された。この現実世界において、その驚異の行動力でそれを示されたのである。

世界中を飛び回り、世界の多くの要人と対話し、世界の民衆に接し、対話し、平和の種を蒔《ま》いてこられた。

その事実について、多くの日本国民に知られていない。また、世界の多くの人々も同様である。これだけの平和活動を行った人は、おそらく世界の歴史においても稀有《けう》ではなかろうか。

遠い未来において人類史を著《あらわ》す人がいたならば、おそらく、池田先生の活動に大きくページを割《さ》くことになるであろう。

私の拙《つたな》い筆では、師の事績を雄弁に伝えることはできない。しかし、私の人生は、この偉大なる師の教えがあったからこそある、ということは間違いないものと言える。

私の身体には広島で被爆した痕跡が今でも残っている。しかし、多くの方が命を落とされた中で、この年まで生きてこられたことを幸せと思わないわけにはいかない。私のこれまでの事業や社会活動のすべては、若き日の師の薫陶《くんとう》の賜物《たまもの》と感謝するほかはない。

私が学生の頃、池田先生より直接の指導をいただいた。

その時、言われたことを鮮明に覚えている。

先生がすでに『人間革命』の執筆を始められている時である。

「皆、自分が死を迎えるときに、『人間革命』の本を後輩のために書ける一生であってください」という言葉をいただいた。〝日々、自身の人間革命への精進を重ね、その歩みを後輩に語り得る人生であれ〟との意味であろう。

その言葉は、今も私の胸に刻まれている。

この本は、拙《つたな》いかもしれないが、私の八十年に及ぶ生き様《ざま》を書き記したものである。


私がこの本で伝えたいことは、もうひとつある。

昨今の日本社会の劣化は、目を覆うばかりである。本来、私の愛するこの国も、そしてこの国に住まう人々は、もっと優しく、もっと勤勉で、もっと優秀で、もっと公正で、もっと勇気のある気質であると思う。

それが劣化著《いちじる》しい昨今の状態の根源には、戦後のＧＨＱの占領政策による、日本総体に対する伝統文化と精神の破壊と洗脳があると考えている。

社会現象ともいえるＩＴ技術の進化をはじめとして、知識と情報は膨大に得ることができるが、それを生かす知恵がない。そして自分の頭で考えることをおろそかにした、思考力の著しい低下がある。

占領政策で仕掛けられた呪縛は、戦後七十余年の今日にいたるも解けてはいない。

この国が、この国の民の精神が地盤沈下していく惨状を見捨てては、死んでも死にきれない。

ここに記したすべては、あらためて私の遺言といってもいいものである。

今こそ、日本人が覚醒し、世界平和のために邁進《まいしん》するというミッションを持っていることを思い出してほしい。


二十一世紀の、この時代に地球の他の国ではなく、日本に生まれているという幸せを改めて考えていただきたい。

これは、世界一九六カ国、七十億の人類の中でも最も恵まれた部類に入る。

治安が良く、人々は穏やかで、四季に恵まれ、食べ物もおいしく、個人が活躍するインフラが整う、世界でも有数の恵まれた国である。

それを一人で快楽主義的に享受していくのも個人の自由だ。

しかし、今、人類の半数は飢えに苦しみ、非衛生的な生活を強いられ、世界の大半は貧しい生活を送っている。


世界でも有数の恵まれた国にいる日本人が、自分の幸せのためではなく、世界の恵まれない国に生きる人のために、平和の使徒としての何らかの役目を果たす努力をしてもらいたいと願う。

特に若い人々に望む。

日本が戦争であった時代も、日本が敗戦の焦土から立ち上がって生きた時代も知らない若い世代の君たち。今日のような物質的に恵まれた時代に、運よく生きている君たち。けっして、このように生きることが、人として当たり前なのだと思わないでほしい。

今の日本を注意深く、あらゆる視点から見てほしい。たしかに物質的には恵まれているが、精神的には貧しい今日の日本をどう未来に繋げていくのか考えてほしい。

そして、どうか世界の現状にも目を向けてほしい。また、世界に平和が訪れるために努めていただきたい。

今の日本で生活できることは、とても恵まれていることである。望むことがあれば、多くのことがかなえられるような情報が手に入る、インフラが整っている。

どうか自分だけの幸せではなく、世界の人々と幸せを分かち合える思いをもって行動してほしい。

被爆者の一人として、また昭和、平成の激動を経営者としてかじ取りしてきた者として、未来の平和の礎を築くための一助となればと願い、精魂込めて本書を書き上げた。最後まで読んでいただければ幸甚である。

第一章

核なき世界を求めて

核兵器廃絶のエポック

二〇一七年は核兵器廃絶の動きで、エポックメイキングな年だった。

ひとつは国連総会での核兵器禁止条約の可決である。

だが、唯一の被爆国である日本が参加しなかったことに違和感を抱く向きが少なからずあったことも事実である。

しかし、ことはそれほど単純ではない。

国際政治の中で、わが国の立場を考えた時、単純に賛成すればいいというものではないからである。

私は直接論評することは避けたいが、当時の外務大臣であった、広島選出の岸田文雄外相が、苦渋に満ちた表情で、「核兵器国と非核兵器国の対立を一層深めるという意味で逆効果になりかねない」といって、核兵器禁止条約の交渉への不参加を表明したことを取り上げておこう。

日本としては、核兵器国と非核兵器国の橋渡しをして、「核無き世界」という大きな潮流を作ろうとしていると信じたい。私自身のさまざまな活動もその一端を担うというものである。

国際政治の動きに一喜一憂せず、大局的に見守っていきたいと思う。

ＩＣＡＮのノーベル平和賞受賞の意味するもの

さて、もうひとつの画期的な出来事は、核兵器廃絶運動ＩＣＡＮ（アイキャン）がノーベル平和賞を受賞したことである。

しかしながら、壮挙とも言うべき受賞に対する、日本のマスコミの取り上げ方が大変少ないことに驚いている。何か意図的に取り上げないのではないかと疑いたくもなってくる。

二〇一七年十二月に各国政府などに同条約への参加を促す活動を続けている国際的なＮＧＯ団体「ＩＣＡＮ（核兵器廃絶国際キャンペーン）」がノーベル平和賞を受賞

した。この受賞に寄せてノルウェー・ノーベル賞委員会は「ＩＣＡＮの活動が核兵器禁止と廃絶への協力を各国に約束させる原動力となった」と評価した。

ＩＣＡＮとは、「核兵器廃絶国際キャンペーン」の頭文字をとったものだが、日本では、どのような組織で、どのような活動をしてきた団体なのか、あまり理解されていないようなので、簡単に説明しておこう。

ＩＣＡＮは、核兵器を禁止し廃絶するために活動する世界のＮＧＯ（非政府組織）の連合体として、スイスのジュネーブに国際事務局を置く団体で、二〇一七年十月現在、一〇一か国から四六八団体が参加している。

発足は二〇〇七年、核戦争防止国際医師会議（ＩＰＰＮＷ）を母体として、オーストラリアで発足した。核兵器の非人道性を訴える諸国政府と協力して、核兵器を国際法で禁止するキャンペーンを世界的に展開してきた。

ＩＣＡＮの執行部は、世界十団体からなる国際運営グループによって運営されている。

特定の代表者を設けず、国際運営グループの十団体が持ち回りで幹事を務めるという形態をとっている。

全世界に蒔かれた平和の種

ＩＣＡＮに参加している日本の団体としては、ピースボート、核戦争に反対する医師会、ヒューマンライツ・ナウ、そして特筆すべきはＳＧＩ（創価学会インターナショナル）が参画している点である。

ＳＧＩは、一九七五年一月二十六日、世界五十一か国の代表がグアムに集まって世界平和会議が開催され、発足。席上、池田大作先生がＳＧＩ会長に就任、現在では、世界一九〇か国（国連加盟国は一九三か国）二二〇万名の会員を擁している。

ＳＧＩは、政治的組織でもイデオロギー組織でもない。日蓮大聖人の生命尊厳の仏法を基調に、人類の平和、文化、教育への貢献を目指す活動に取り組む国際的機構である。

この組織が、ＩＣＡＮの中で占める位置がどんなものであるか、外部にいる私にはうかがい知ることはできない。ただ、はっきりしているのは、ＩＣＡＮに参画している四六八団体の中でも、これほどの大きな組織は存在しないだろうと思われる。かの「世界のトヨタ」であるトヨタ自動車の世界販売網ですら一七二か国（二〇一一年現在）ということだから、そのスケールの大きさはとてつもないものである。

別に大きさを競いたいわけではない。

池田先生の超人的な活躍により、全世界規模で日蓮仏法という平和の種が蒔かれている、ということなのである。

生命を尊び、戦争という絶対悪を憎むという、絶対平和の思想を持つ人々が全世界に二二〇万人いるということは、すごいことではないだろうか。

けっして大げさではなく、人類の希望である、といっても過言ではないだろう。

だから、日本においてＩＣＡＮのノーベル賞受賞がもっと高く評価されてしかるべきであると思う。

核兵器は絶対悪

ノーベル平和賞を贈られた国際NGO「ICAN（核兵器廃絶国際キャンペーン）」の広島出身の被爆者サーロー節子氏は、受賞講演で「核兵器は必要悪ではなく、絶対悪なのです」と語った。

受賞講演におけるサーロー節子氏のメッセージを一部抜粋して、以下に引用する。

「広島の原爆投下から奇跡的に生き延びた被爆者の一人として、お話しします。（中略）毎日毎秒、核兵器は私たち愛するすべての人、大切なものをすべて危険にさらしています。これ以上、この異常を許してはなりません。

私たち被爆者は、こうした苦しみ、そしてまた生き残るため、灰の中から自らの人生を立て直すための険しい闘いを通して、世界に終わりをもたらす核兵器について警告しなければならないと確信しました。

核兵器の開発は、国家の偉大さの高揚なのではなく、国家が暗黒の淵へ堕落することを表しています。核兵器は必要悪ではなく、絶対悪なのです。

本年七月七日、圧倒的多数の国々の賛成で核兵器禁止条約が採択されたとき、私は喜びで感極まりました。（中略）核兵器の終わりの始まりにしようではありませんか。（後略）」。

私も一人の被爆者として同感である。まさしく、私の気持ちを代弁して、国際舞台で語ってくれた、と言っていいものである。

平和の大きな潮流が世界を席巻するという思いに駆られる。

また、ＩＣＡＮベアトリス・フィン事務局長も受賞講演で以下のようなメッセージを贈っている。

「核兵器を支持する者たちが抑止の効果を語るとき、彼らは恐怖を戦争兵器としてたたえています。無数の人々を一瞬で皆殺しにする準備ができていると宣言し、胸を張っています。（中略）核兵器による支配は民主主義に対する侮辱です。（中略）核兵器禁止条約ができました。（中略）核兵器の終わりか、それとも私たち自身の終わりかという選択です」。

私たちに「選択」と「行動」のボールが投げられていることを自覚すべきである。被爆地である長崎の若者とフィン氏の対話集会がおこなわれたとき、フィン氏は、「若い世代には希望、エネルギー、ソーシャルメディアという武器がある。世界と繋がり、廃絶実現を」と呼びかけた。

核兵器は、保有国や依存国の「安全保障」という美しく飾った言葉の中に巧みに爪を隠し、その壁は厚い。若者にとって核兵器への危機感が薄いかもしれない。しかし、若者が駆使しているソーシャルメディアに国境はない。彼らの覚醒こそ希望であると私は思う。

被爆から七十三年を迎え、反核運動の中心を担う被爆者が次々と世を去っていく中、私は自分の被爆者としての人生を振り返って、まだすべきことがあるのではないかとおおいに焦燥感を覚えている。

これからの未来を担う若者に何を残し、何を託すべきかを、世代を超えてともに考えたいと思っている。

平和思想の継承と発展

ＳＧＩが核兵器廃絶に向かって連綿と続けてきた活動は、池田先生の畢生の大著『小説・人間革命』に書かれている。この原稿を執筆している二〇一八年四月十四日の新聞連載記事「新・人間革命」の中で、「現代世界の核の脅威展」についてまとめられていたので、ここに引用する。

「『現代世界の核の脅威』展は、『広島・長崎原爆被害の概要』『現代の核兵器の実態』『軍縮と開発』の三部構成となっていた。

このうち『広島・長崎原爆被害の概要』では、被爆後の焦土と化した両市の写真などとともに、広島の原爆ドームの模型、焼けた衣類、溶けた瓦など、三十余点の被爆物品も展示された。また、ニューヨーク市上空で核が爆発したらどうなるかを示すコーナーもあった。

核兵器の脅威は、実際に被爆し、苦しみのなかで生きてきた人たちの生の声に耳を傾け、映像や物品などを通し、破壊の現実を直視してこそ、初めて、実感として深く認識することができる。反戦・反核の広がりのためには、単に頭で理解するのではなく、皮膚感覚で、さらには生命の実感として、脅威を認識していくことが大切になる。

会場には、デクエヤル国連事務総長をはじめ国連関係者やＮＧＯ関係者、総会に参加した各国大使ら外交官など、二十万人を超える人びとが見学に訪れた。反響は大きかった。

展示を見て、書店を経営するニュージャージー州の婦人は、叫ぶように言った。

『人間が、ここまで恐ろしいことができたとは信じられない！　吐き気がしてくる。ニューヨークの上空で一メガトンの核が爆発していたら、私の住むところは破滅だ。核戦争は絶対にいけない！』

第二回国連軍縮特別総会では、『世界軍縮キャンペーン』が採択された。核の脅威展は、その一環となるもので、翌年の一九八三年（昭和五十八年）には、ジュネーブの国連欧州本部総会議場ロビーで開催されている。

以来、同展は、インド、カナダ、中国、ソ連と巡回していった。そして、八八年（同六十三年）の第三回国連軍縮特別総会（五月三十一日開幕）までに、日本国内の七都市を含め、世界十六カ国二十五都市で行われ、百二十万人の人たちが鑑賞し、平和意識の啓発に、大きな役割を果たしていったのである」

この記事を読んでいるのは、少なくとも現在八二七万世帯の学会員と二二〇万人のＳＧＩ会員である。

池田先生の絶対平和の思想を受け継いでいる人間がそれだけいることは心強いことである。

また、「一九八三年（昭和五十八年）五月、ＳＧＩの国連経済社会理事会（ＥＣＯＳＯＣ）の協議資格を持つＮＧＯとして登録された。また、この年の八月八日、ＳＧＩ会長に国連平和賞が贈られた」という記事も載っていた。

私が思うところでは、池田先生の生涯の活動に対してノーベル平和賞が贈られてしかるべきであると思う。しかし、先生はそのようなことには歯牙《しが》にもかけない。ご自分の代わりにＩＣＡＮが立派にノーベル平和賞を受け取ってくれたと思っておられるであろう。

私が悲惨な記憶に押しつぶされることなく歩んでこられたのは、日蓮大聖人の仏法と池田先生の絶対平和、戦争反対の思想である。そして、創価学会に脈々と流れている絶対平和と戦争反対の強固な思想である。

一九三〇年、教育者であった初代会長の牧口常三郎先生は、子どもの幸福実現のために仏法を根底にした教育改革を目指し、「創価教育学会」を創設された。戦時中は国家神道を精神の支柱に戦争を遂行しようとする軍部政府の弾圧を受けた。

牧口先生は、第二次世界大戦中の一九四三年に当時の弟子だった戸田城聖先生とともに治安維持法違反と不敬罪で逮捕され、東京拘置所に送られた。やがて投獄された牧口先生は、権力の弾圧により、転向を強いられるが、頑として言いなりにならぬまま獄死される。

牧口先生は、日蓮大聖人がご在世当時、時の鎌倉幕府に対して、莞爾として国家諫《かん》暁《ぎょう》を行った立正安国の精神を貫かれた。

牧口先生の死後、一九四五年に戸田先生は出獄され、組織名を「創価学会」に改称して活動を開始される。

我が怒りと絶対平和の原点

創価学会第二代会長となった戸田先生は、一九五七年、日本の青年への遺訓として、核兵器を絶対悪と断じる「原水爆禁止宣言」を発表した。

戸田先生の歴史的な演説、「原水爆禁止宣言」に触れたことにより、被爆者であることをひた隠して生きてきた私が、「核兵器が絶対悪である。これを伝える声を上げなければならない」と覚醒した瞬間でもあった。

平和運動の原点であるこの宣言は、私の中で忌まわしい記憶でしかなかった被爆体験を解き放ってくれた光のような宣言だった。

戦後の核兵器反対運動は、政治やイデオロギーによって利用され、誤った観念が流布されたのだった。

その最たるものが、共産主義の原爆は良い原爆、資本主義の原爆は悪い原爆という観念である。まったく今考えれば、まことにバカバカしいものだが、当時、米ソ冷戦時代で、共産主義が人類の理想のような観念が、まだ大手を振って闊歩《かっぽ》していた時代である。

私が核兵器反対に燃えた青年時代、社会党系や共産党系などの三つの被爆団体があって、それぞれが中国やソ連の原爆は良い原爆、アメリカやイギリスの原爆は悪い原爆という価値観で運動を繰り広げていた。私はこうしたおかしな風潮に我慢がならなくなって、それらの批判を新聞に投稿したこともある。

日本は世界で唯一の被爆国であるのに、核兵器反対運動は、運動方針や政治的イデオロギーの違いで分裂していた。そのことに私は怒ったのである。

反戦運動でもいろいろあったが、私は被爆者の一人として、一貫して「人間」というものに主眼を置いてきた。無垢な命が一瞬で消えていく原爆の光景を見てきた者として、人間の命、生命というものを基準として考えていたからである。

核兵器は人間の生存権を否定する思想の象徴であり、生命を脅かす最大の脅威なのである。そのようなものを絶対に許してはならないのだ。どのような立派な理屈をつけようと、悪魔の権化ともいえる原子爆弾は、絶対にその使用を許してはならないのだ。

若き日に池田先生から叩き込まれた絶対平和の思想は、私のなかで今日に至るも微塵もゆるぐことはないのである。

平和運動のための国連支援交流財団にて

デクエヤル国連事務総長と著者

ガリ国連事務総長夫妻と著者

第二章
人生の原点・広島の記憶

我が人生の原点

私の今に至る人生の原点は、昭和二十年八月六日の広島に投下された原爆による被爆体験である。巨大な力によって、私の人生は大きく捻じ曲げられたといっていい。

当時、私は数えで七歳だった。

爆心地から一・七キロの広島市白島で被爆し、父をはじめ多くの家族を失うことになった。

直接の原爆による死者、その後の放射能により死亡した人を含め軍民合計二十四万七千名（昭和二十五年六月発表）にものぼった。原子爆弾は一瞬にして無辜《むこ》の民を殺し、多数の被爆者を生み出した。

私自身、大量に放射能を浴び、子供でありながら髪の毛は全部抜けるという恐ろしい体験をした。

当時、私を診察した医師に「二十歳まで生きられるか……」という冷酷な言葉を投げつけられ、絶望的な気分に襲われたことは、今でも鮮明に覚えている。おそらく、絶望したままであれば、医師の言うように若くして命を終えていたことだろう。

幸い今日まで生きることができ、傘寿を迎え、子どもたちや孫にも恵まれた。

しかし、被爆しながらも生き延びているとはいえ、ガンを克服し、今でも肝臓と甲状腺の異常を抱え、薬も手放すことはできない、という状態は続いている。

良きにつけ悪しきにつけ、私の人生は、あの日の広島から始まったことは間違いないだろう。もし違う土地で生を受けていたならば、私はまったく違った、平凡な人生を歩んでいたかもしれない、と時に思うことがある。

「母の手記」に記された被爆の言葉

平成九年は、敗戦から五十年の節目に当たる年で、マスコミではさまざまな企画が耳目をにぎわせた。ＮＨＫテレビでは、原爆投下から五十年目という企画で、私の母の日記が番組で取り上げられた。

その番組のため、私も五十年ぶりに京橋川の河原に佇《たたず》むことになった。それまでの半世紀の間、広島に帰ることはあったが、このおぞましい場所に一度として足を向けたことはなかった。あまりにもおぞましい記憶がよみがえることをよしとしなかったのである。

しかし、あれから半世紀の年月が流れ、私はようやく足を踏み入れることとなった。だが、五十年という時間は、私の記憶からあの日のことを消し去るには、まだ短すぎるようであった。

その被爆地に立った瞬間に、惨禍はあたかも昨日のことのように鮮明に蘇り、辛すぎる時間に耐えねばならなかった。

あの日、七歳だった私は爆心地から一・七キロメートルの自宅で被爆した。家の中にいた家族は爆風を直接浴びることはなかった。すぐさま母と弟、妹と一緒に京橋川の河原に避難した。そこは阿鼻叫喚の地獄絵の様相だった。

川には無数の死骸が漂い、幼子を抱いて火の海の中を亡霊さながらに立ち尽くす若い夫婦。全身やけどで「水をくれ」と言いながら、こと切れて逝った人々。

当時の人の証言によれば、原爆が投下され爆発した瞬間、ものすごい火の玉が広島市全域を覆い、空には巨大なきのこ雲が不気味に立ち上がったという。ピカッと光ったかと思うと、ドーンというもの凄い爆音を轟かせ、爆心地からおよそ十一キロメートルの範囲で熱線が走ったという。故に広島では、原爆のことを「ピカドン」という。

熱線はたちまち街をいく人々を飲み込み、一瞬にしてそれまで命を宿していた者が影となり、あるいは単なる炭の粉と化したのである。

まもなく街のあちらこちらから火の手が上がり、広島市全域が火の海と化し、熱線のため大やけどして身動きできない人々、爆風で負傷した人々、倒壊した建物の下敷きになった人々、立ち上る炎に飲み込まれもがき苦しむ人々、それは酸鼻きわめる光景が現出した。

それまで街に広がっていた緑はすべて焼失し、地獄の業火さながらな火が消えた跡には、瓦礫とおびただしい数のむくろだった。

そのときの光景は、七歳の子供だったが鮮明に脳裏に焼き付いている。しかし、いざ、ここで表現するとなると、やはり精神の統制がうまく働かない。

そこで、当時の様を母の日記から引用する。

母の日記

「昭和二十年八月六日、午前八時十五分頃、敵B29 三、四機来り、何らの警告もなき時、新兵器により空中爆発により、家はたほされ、私は思わず屋外にとび出した。子どもは幸いにも家の中で遊んでいたので、何らの負傷もせず、私は夢中で一人ずつ出して前の防空壕に入れる。

三牧の静子ちゃんは家で遊んでいたけれど無事にすくい出してホットする。三牧の奥さんは、ひたいから血をタラタラと流して何処をけがしたのか見てくれと云われる。私はすぐ家の中に入ってオキシフルを持出し傷口を消毒し三角巾で結んであげる。隣の佐伯の叔父さんがやけどをし、まだ着物に火がついているのにとびこんで来る。『奥さんどうしたらよいのか』と聞く。私は油の持ち合わせもないのでどうする事も出来ない。

私は何一つ持ち出していないので子供を気に懸けながら、こわれた家の中へひきかえしては、少しの荷物を持ち出し、大切な書類は腰に結びつける。

土手の通行人を見ると、皆、着物はボロボロにやぶけ、見る人々、皆やけどをしている。

私は、私の家の近くに落ちたと思ったのは大きなまちがいで、広島市全部であるらしい。

兵士さんが早くたいひする様にさけばれる。私は子供を連れて、善雄をオンブして俊雄にふろしきづつみを持たして、私はトランクにリュックサックを持ち、三牧の奥さんと河原へひなんする。河原にはおびただしい負傷者のむれがある。

生き地獄である。その内、火の手が上がり、見る間に広島市は灰と化す。

私はひたすらに、外出したものを気使い、帰って来はすまいかと思い、気をつけて見る内に三牧の主人が何一つ負傷せずに帰って来られる。

私の主人は待てども、待てどもとうとう帰って来ない。妹も兄さんも、姉さんも猛を連れて出たまま帰らない。お母さんもお米の配給所迄おつかいに行ったのに、それも帰って来ない。三牧の君江ちゃんも学校に行ったまま、まだ帰らないと奥さんは心配なさる。

又、敵の爆音が聞こえて来る。私達は木陰にかくれる。その内、夜になる。主人を初め皆帰って来ないはずはないのにどうしたのか、朝から建物疎開に行っていた主人の安ぴが気づかわれてならない。

明くる日、お母さんが戻って来る。着物はボロボロになり躰にいっぱい大やけどをしている。私は泪が出て仕方がない。隣組の方と一緒にバラックを建て一緒に住む。

兄さんが三日ぶりに元気で帰る。本当に夢の様である。井上さんに主人の会社の方に行って頂だく。井上さん夕方帰られる。主人は負傷をして十二時頃一人で会社にかえり、明くる日七日午後二時過ぎことをきれたそうで、本当にお気の毒であると云われる。

死体はまだそのままにしてあるとの事、私は行きたい、主人のもとへはしって行き、足の一つでもなでてあげたいと思ふけれども、重傷の母と、子供三人いるのでどうする事も出来ない。本当に主人にはすまない、むねんの泪がほとばしる。

子供の手前、思ふ様に泣く事も出来ない、幸恵が私の泣くのを見てシクシクと泣いている。私は子供がやすんだあと、一人で思いきり泣く。妹も職場で黒こげになっているらしい。姉さんもおそらく死んだのであろう。姉さんの子供二人、学校疎開しているのに、母がいない事を知らせなければならないと思う時、私の胸は、はりさけそうである。

主人の生がある間、一言、子供が元気でいる事を知らせたかった。子ぼんのうの主人の事である、気に懸けて死んで行った事であろう。

昭和二十年八月　　　　　　　　　　　マサコ」

父が亡くなった時も母は父を迎えに行くことはできなかった。しかたなく近所の人にお願いして、父の安否を確認に行ってもらった。戻ってこられた人は、職場の人から聞いた様子を母に伝えてくれた。

父はNHK広島放送局員だったため、その日も出勤し、そこで被爆した。

「ご主人は亡くなっていて、死体はそのままにしてあるけど、顔は倍くらいに膨れて、誰かわからないんだよ。ただ、職場に戻るまでは意識があったみたいで『オカダイサオ』と自分の名前を名のることはできたらしい」

母は父の遺体を引き取り、火葬場に運ぶことはできなかったので、職場の人が焼いてくれた遺骨を引き取ったということだった。

遺骨を引き取った晩、母と私は父の遺骨を挟むようにして眠ったが、母がいつまでも泣いていたことを鮮明に思い出す。あの時の母の悲しみに満ちた声は、今も耳についていて離れない。

同窓だった『はだしのゲン』の作者

私と一緒に被爆した二つ年下の妹は、幼かったせいか、あまりのショックのせいか、被爆のことは何も憶えていないという。おそらく無意識に恐ろしい思い出を排除してしまったのであろう。

原爆体験マンガとして有名な『はだしのゲン』の作者、中沢啓治氏は本川小学校の同窓生、同じ年の生まれである。彼が描いた『はだしのゲン』の体験は、まさしく私の体験でもある。そして、多くの被爆者が思い起こすことができる、まさにあの時代を切り取って見せている。

描写されている一つひとつの場面が、私にはリアルに思い出される。忘れていたことでも、『はだしのゲン』を読むたびに、深く眠っていた記憶が呼び覚まされる。

別に同窓だからといって褒めるわけではないが、『はだしのゲン』は、本当に作者の命を削るようにして描かれたものだ。それは同じ体験をした者だけが感じる感覚である。

私は今回、読み返すことになぜか抵抗があった。しかし、本書のために胸を詰まらせながら頁をめくった。被爆を体験しただれもが、この作品に深く複雑な感情を抱かざるをえないだろう。

死の灰を含んだ黒い雨が降る

原爆が投下されたその日の午後になると雨が降り出した。

避難したのが朝の八時五十分頃。

午後を過ぎた頃に雨が降ってきた。俗に言われる「黒い雨」だ。燃え続ける広島の街を覆うように広がる、淀んだ空から黒い雨が降り注いだ。それは広島の街を焼き尽くすかのごとく燃える炎を消す雨ではなかった。それは大量の放射能を含んで、多くの人々を死の国に迎える黒い雨だったのだ。私は母から「防空頭巾をかぶっておきなさい」と言われるまま、防空ずきんをかぶり黒い雨に当たり続けていたことを覚えている。

雨はコールタールを薄めたような色をしていて、雨が降った跡は黒いシミとなって残り、いつまでも消えることはなかった。

原爆からかろうじて生き残った人々も、死の灰を含んだ黒い雨のため原爆病にとり憑かれ、叔父のひとりはガンに懊悩し、生きる希望を失って自殺した。

死ぬも地獄、生きるも地獄の広島だった。

その死の国の王ハデスさながらの核兵器を作り出したのも人間である。そのため無念の死を遂げたのも、被爆者という烙印を背負い、健康を失ったのも人間である。

この地獄を生み出したのは、同じ人間の仕業である。

私たちが避難した河原は、水を求めて力尽きた死体で埋まっていた。しかし、喉の渇きのため、その死体をかき分け、黒い雨で赤黒く染まった水を飲む者もいた、それが末期の水となることも知らないで。

河原に粗末に建っていたバラックに避難した私たちは、日々、陰惨な場面を目にしながら途方に暮れていた。

川に浮かぶ無数の死体は、引き潮のときは死体も一緒に海へと流れていく。そして満潮になると死体は川へ戻ってくる。それが毎日繰り返される光景だ。

最初は驚いたが、やがてそんな異常な光景でさえ慣れてしまう。

町は焼け野原となり、建物などは消え失せた。何日経とうとも市内にあふれる夥しい数の死体は手をつけることもできず、放置された死体は腐敗が進み、ウジ虫が湧いてひどい臭いを放っていた。

燃やし続ける死体、くすぶり続ける空

何日か経つと、兵隊が遺体を船に山のように積んで、瀬戸内海に浮かぶ島に集めて次々と焼いていった。島だけではなく、町でも死体は焼かれ続けた。数え切れない死体は学校の校庭などに運ばれ、山のように積み重ね、大きな穴を掘り、その上に網のように太い鉄骨を渡して魚を焼くように火葬した。

このような状態で、校庭では人間の死体をやぐらのように組んで一か月以上も燃やし続けられる。一体どれだけの数の死体が焼かれたのか、誰にもわからないような状態だった。

その煙は悪臭を放ちながら、いつまでも広島の空にくすぶり続けていたことを思い出す。私たちは、そういう火葬場のような現場が日常となり、最初は咳き込むほど臭かったのだが、不思議なものでだんだん平気になっていく。

死臭漂う河原で、母はいつも忙しそうにしていた。それは負傷している人たちを手

当てしながら、私たち家族の面倒も見ていたためである。その忙しい合間に、言葉にできない言葉を母は日記として綴っていたのだった。

地獄の日々と祖母の死

祖母は原爆が落ちた翌日、河原のバラックに暮らすようになっていた私たちのところに帰ってきた。

全身は大やけどを負っていた。着物にモンペ姿、胸には避難証が入ったズタ袋を提げていた。祖母は被爆したが何とか生き残り、特設の避難所にたどり着けたようだ。そこは病院の崩れたところだったが、当然のごとく治療など受けられようもなく、傷口に油を塗るくらいのことしかできなかったようだ。祖母は避難所でもらった小さな乾パンをズタ袋に入れた姿で戻ってきたのだ。

祖母の変わり果てた姿に母は号泣していたことを憶えている。

私たち生き残った家族も、母の姉の嫁ぎ先も建物疎開（空爆の類焼を免れるため、あらかじめ密集地域の建物を倒壊させて道幅を広げること）で住居を失ったため、祖母、母の兄と姉の家族、母の妹たち、そして私たち家族という大家族で、市内の白島九軒町の我が家で一緒に生活することとなった。

被爆後、行方不明になった叔母二人とその子、三人を手分けして探しに行ったが、街のあちらこちらに転がっている遺体は真っ黒こげで、誰が誰なのかまったくわからない状態であった。

母は父だけでなく、肉親十人を原爆のため一時に亡くしたのだった。

身内のなかで唯一の大人として生き残った二十九歳の母は、学童疎開により惨禍を免れた姉の子ども二人と幼い私、そして妹弟の三人を抱えて、あの焦土に立ち尽くし、どれほどの懊悩と悲嘆、そして計り知れない不安を抱えて、悪夢のような日々を過ごしたことか……。

原爆で父親を亡くした時の母の姿が今でも目をつむると瞼に浮かぶ。母は辺りかまわず号泣し、滂沱《ぼうだ》の涙を流していた。私はその母の姿を見て、一緒に泣くしかなかった。幼かった私は、何よりも母の涙を見ることが最もつらかった。

その頃の母の口癖は、「子どもたちが大きく、幸せに育つことだけを楽しみに母さんは生きている」という言葉だった。挫けそうになる自らを、その言葉を発することで支えて生きていたのであろう。

そうした過酷な日々を生きていた母にとって、最もつらかったのが全身大やけどを負って、命からがら返ってきた祖母の看病だった。

祖母は、母の叔母の嫁ぎ先である、可部という郊外の住居の納屋に住まわせてもらっていた。狭い小屋に蚊帳を吊り、そこに祖母を寝かせていた。ただ祖母の背中は焼けただれて腐っていたので、背中をつけて寝ることもできなかった。しかたなく祖母は、いつもうつ伏せのまま、丸めた蒲団を抱えるようにして苦しんでいた。

祖母の腐った背中にはウジ虫が湧いていた。そのウジ虫を母は、毎日箸でつまみ出すのである。私は傍らでアルマイトの弁当箱を持ってじっと構えている。母は祖母の背中に湧いているウジ虫をつまむというよりは、引き抜くという感じで一匹ずつ捕まえては私の握りしめるアルマイトの弁当箱の中に入れていった。

ウジ虫を引き抜くたびに、祖母は痛がってもがき苦しむ。

その祖母の慟哭の声を聴きながら、母は泣いて、そのつらい作業を続けていた。

毎日、ウジ虫はたちまち弁当箱いっぱいになった。弁当箱の中でうごめく無数のウジ虫はおぞましいものであった。全てを取り除くと、背中にドクダミか何かを煎じたものを塗ることしか治療らしいことはできなかった。

しかし、母が祖母の背にわいていたウジ虫を全部つまみ出しても、翌朝には、また、祖母の背中に無数のウジ虫が湧いているという始末だった。次第に祖母のからだはやせ細り、ただ苦しむために生きている、というような状態だった。

医者もいないし、薬もない。祖母は呻きながら、たまらず「私を殺して太田川に流してくれ」と何度も母に懇願していた。


母の懸命の看病の甲斐もなく、祖母は帰還して四十一日目に苦しみの果てに亡くなった。母はいつも私たち子どもが寝た後、納屋の隅の蒲団を重ねたところにうつ伏して泣いていた。親がもがき苦しむ様を目の前にして、何もすることのできないつらさは言葉に尽くすことのできないものだ。母がどれほどつらい思いをしていたのかと思うと、今でも胸がふさがれる。

私は当時まだ幼かったので、母の本当の辛さに思いを致すことができなかった。しかし、物心ついて、少しは物事がわかってくると、母や叔父たちがどれだけ過酷な日々を生きていたのか、思いをこらすことができるようになったのだった。

窓ガラスのない校舎

しばらくすると、私は原爆ドームの前にある本川小学校に一年生として戻ることができた。

本川小学校の教室は窓ガラスもなく、当然のごとく雨が降れば傘を差して勉強していた。ガラスのない吹きさらしの教室は、冬はとても寒かった。

原爆を受けて残った建物はコンクリート建築だけだった。コンクリートでつくられた小学校は、市内で二つか三つだけだった。子どもたちの多くは、学区域に関係なく、焼け残ったその小学校に通うようになった。

やがて、四、五年も経つうちに別の小学校も徐々に復旧してきた。

私の住まいは広瀬という地域にあったので、広瀬小学校が新たに開校すると私もそこへ通うようになった。

その頃の思い出といえば、つるんでいた悪ガキたちと郊外の畑まで行って畑の野菜を盗んで食べたり、広島城のハスの実をとって食べたりしたことである。

ときには、せっかく泥の中から実をとって水面に上がると上級生が待ちかまえていて、横取りされたり喧嘩になったりした。誰も彼も食うモノがないので、口に入るものを探すのに必死だった。

戦後、しばらくして再開された本川小学校
校舎の窓ガラスは爆風で壊れたままであった

運動をするにもお金もないから、履物はなく、裸足で走り回るのが当たり前だった。

もちろんプールもなかったので相生橋という、原爆が落ちた川に木で飛び込み台を作り、そこで水泳を覚えたものだ。あの頃の川は今よりももっとキレイだった。

今の広島市に他県から来た人や観光で訪れた人は、キレイだと言うが、昔の川は上から見て透きとおっていた。エビやゴリ、ハゼがいくらでも捕れた。大きなアサリなども取れて、飢えた腹を満たしたものだ。

子ども時代の懐かしい想い出である。

昭和二十一年三月、物価統制令が施行された。食べ物から生活用品まで極端な物不足で闇市が賑わい、農村に行って着物などと交換で食料を手にする人が多かった。

その後、昭和二十四年には野菜、昭和二十五年にはパン・うどんが、昭和二十七年には砂糖・麦が自由販売となり、物不足も徐々に解消に向かっていった。

しかし、広島ではすべてが焼き尽くされ、焼け残ったトタンや板でバラックを建て、風呂も焼け残りの風呂釜を拾ってきて、いわゆる「五右衛門風呂」を作り、近所の人々と一緒に入っていた。

釜も水瓶も焼け残りを拾い、夜の照明は焚き火で、後にランプになっていった。

こんな悲しいこともあった。

戦前、原爆死した父が郊外の知人宅に衣類をはじめ、大事な品物を疎開させていた。そこで母は、戦争が終わってしばらくしてから返してもらおうと疎開先を訪ねてみると「知らぬ、存ぜぬ」で品物を返してもらえなかった。

戦後よく聞く話ではあったが、誰もが食うに困り、着るものに困り、生きることにきゅうきゅうとしていた時であったので仕方のないことかもしれない。しかし、そのために私たち家族は物々交換もできず、浮浪者と同じような生活をしばらく強いられることとなったのである。

母の再婚と丁稚奉公

原爆で父を失った母は日々の生活に行き詰まり、子どもたちを育てるために遠縁の男性と意に染まぬ再婚をした。ところがこの男性は、酒を飲むと子どもに殴る蹴るの暴力を振るう酒乱だった。

そうした暗い生活と原爆症の辛さから、母と私は、いつも死を考えていた。

一九五二年、私は広島の小学校を卒業すると、すぐに遠縁の親戚を頼って大阪の美容材料を扱う店に丁稚奉公し、働きながら中学に通った。私が丁稚奉公に出されたのは、もちろん貧乏ということもあったが、この軍隊帰りの二度目の父親が酒乱で、家族が苦しめられたからでもあった。

とりわけ長男であった私に対する義父の暴力はすさまじかった。何かにつけて、〝殴る〟〝蹴る〟の暴行は、日常の行事のごとくであった。私の体にはそうした暴行のため生傷は絶えることがなかった。

そんな様子を見かねて、近所の方が止めに入ったり、母が体を張って止めてくれたりした。しかし、義父の暴力が止むことはなかった。

あまりのことに警察官を呼んできてくれたこともあったが、民事不介入ということもあり、諭してくれるだけで、その場をおさめるに過ぎなかった。

義父が酔って寝てしまった時に、母の手を引いて家出をしようとしたこともあったが、身内の多くが原爆によって亡くなっており、行くあてもなく、泣く泣く家に戻ることもしばしばであった。

この義父がいる限り、私たち家族は幸せになれない。『いつか義父を殺して、僕も死ぬから、お母さんや妹弟は幸せになってくれ』と遺書を書いたこともある。それは今も私の手元にある。


このような状況を母は哀れと思って、私を守るために大阪の親類の元に私を送ってくれたのだ。あの時、私がもう少し大きかったら、おそらく義父と殺し合いになっていたのではないかと思う。

苦しい住み込み生活が一年を過ぎた頃、母が広島から来てくれたことがあった。私は本当に嬉しかったのだが、その夜、私は母と同じ床に入って、一晩中泣いていたことが想い出される。

母は偉大な魂の故郷

命の尊厳を現しているのが、母の姿ではないかと感じている。

「この世で新しい生命を育てる女性の姿ほど、尊く偉大なものはない。母親は魂の故郷であり、生命のオアシスである」とは、私の師、池田先生の言葉である。

平和・幸福・健康といえども所詮は「生命」があってのことである。

人生にとって「生命の尊厳」について深く思いを致すことが、いかに重要ではないか、母を思うとそのことが浮かんでくる。

私の母が八十一歳の波乱に富んだ生涯を静寂の中で終えた。

生前、私たち子どもの悲しみ、悦びを、自分の悲しみ、悦びとして「ただ、子どもたち

十代の著者と母

が大きく幸せに育つことだけを楽しみに、母さんは生きている」というのが口癖だった母の慈愛を忘れることはできない。
幼い子どもたちを抱え、振り返ることも許されず、立ち止まることも許されない母の人生を思うとき、老年となった今の私にとり、愛おしさはいや増すばかりである。あの日、夫、母親、姉親子、ついで妹までも一度に失った若き母の悲痛と嘆きはいかばかりであったか、それを思う時、今なお、胸が張り裂ける思いである。

嬉々として　たわむれるわが子見るにつけ　父なき思えば涙こぼれる

幾人か　飛び込みしという滝つぼに　我が身思いて　人ごとと思えず

これは、母が幼い私たちと死に場所を求めていた頃の歌である。当時、生きることはそれほど苦しく過酷であったことが偲ばれる。

叔父の日記「苦汁」

広島に投下された一発の原子爆弾は広島の人たちの日常を一瞬にして奪った。

火の海、地獄絵図と化した広島の街で、原爆の犠牲となった人が命を削って記した手紙や被爆直後の惨状をつづった日記が残されている。そこには生々しい言葉がおびただしく書き残されている。


叔父の残した日記をここに公開したい。

それは、私の思い出のためではない。

ひとりでも多くの人に戦争の悲惨さ、平和の大切さを訴え続けていくことが残された者の役目ではないかと思っているからだ。


ここに一冊のノートがある。

叔父が被爆後の広島でリアルタイムに記した貴重な記録である。

抜粋していくつかを転記させていただく。

被爆体験記「苦汁」

青白く　パッと光りしたまゆらを
工場は微塵に倒壊してゐぬ

わが体　奇跡的にも傷浅く
隙間を這ひて　ようやく這ひい出ぬ

われも無事　君も無事かと次々に　同僚いで来ぬ　血まみれもありて

工場主も　無事に這い出共々に　人命救助に狂気の如し

〈男子工員四名残りて救助にあたる〉

工場の方辺に　パッと火の手上がり　間もなく救助のわれ等に迫りぬ

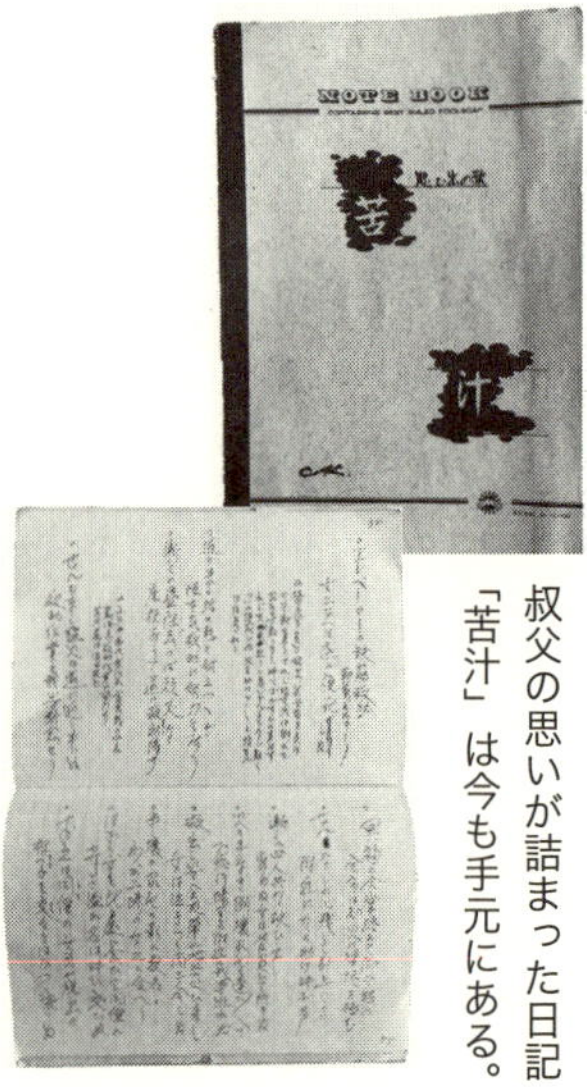

叔父の思いが詰まった日記「苦汁」は今も手元にある。

エレベーターの鉄筋救助の邪魔となり　女工二人は遂に焼死しぬ

〈坂本氏（事務員）の娘さん、父の安否を気遣いて馳せ来る。されど坂本氏は倒れた家屋の下敷きとなり、呼べばかすかに声はすれど、火が早く迫りし為、いかんとんもなし難く、ついに焼死しぬ。父を助けて、父を助けてと娘さんは狂気の如し〉

せんもなし　猛火は遂に迫り来ぬ　救助作業を我等断念せり

冥福の合掌終えて仰ぐ目に　全市は却火に凄惨を極む

わが母は　富江は家は如何にせむ　却火を見つつ　心みだるる

天は焦げ　地は焼け爛れ今ここに　わが広島は　灼熱の地獄

〈飛行場付近は避難民、救護班等右往左往する中に居し鼻を極めしは全身火傷の重傷者なり。杖にすがりて道行くもあり、路傍にうづくまるもあり、早や事切れて、炎天の草の中に亡骸をさらして居るは悲惨のかぎりなり。中にも衣服は焼け散り皮膚は焼け爛れて肉を露出し、老か若きか男か女か判別もつき難き身を夢遊病者の如く、地獄より抜け出した亡者の如く、ひょろりひょろりと歩く姿は見る者をして目を掩はしむ〉

水が慾し　水を呉れよと道中に　転びて叫ぶ火傷者よ哀れ

〈向かう陽陰に学徒とおぼしき少年が「鉋丁を呉れ、鉋丁を呉れ」と絶叫して居り、彼は苦痛に堪え得ず、自殺せむとするものらし。ややありて少年は弱々しき声にて「お母さん」と己が母を呼べり。ああ、我、腸も寸断の思いなり〉

ここがわが住居し跡か　裏庭の松は裸よ　目印と立ちぬ

〈白島九軒町二十五組の人々、川辺の空き地に假小屋を立てて住ひ居り、其の中に我が母も後半身火傷の重態にありぬ。又、妹マサ子の夫岡田伊三雄（三五才）も全身火傷にて遂に斃れ、妹マサ子は遺児三人（俊雄七才、幸恵五才、善雄三才）と共に母の元にありぬ〉

わが傍に　枕ならべし重傷の　親子三人を見るは悲しし

「假小屋」

地の面に　トタンを置きて座とはしぬ　垣根も散りなむ　假小屋哀れ

假小屋の　付近に転ぶ死体かも　時おりプンと悪臭を放ちぬ

〈妹富江（二十才）又同じく竹子（三十四才）も其の子猛（七才）と共に遂に帰

らず。我はせめて亡骸なりと、と負傷者収容所は勿論、町から町へと……、道々にまろぶあまた無慙な死体を一々検つつさまよひぬ。そして、我は富江の勤務先、十日市町日興製薬会社の焼け跡に立ちぬ〉

妹よ　汝も職場で同僚と　共に逝きしか黒焦の　死体はあまた

悪臭の堪えがたき街をあれこれと　親子求めて足は疲れ来ぬ

（竹子、猛の最後の様を思い見る）

親は子を　子は親を呼びお互いに　ひしと抱きて　死にゆきしならむ

〈安佐郡亀山村字長井の岡本悟氏宅に身を倚《よ》す。昭和二十年八月十日。動けぬ母を小車にのせ、近所の人々の哀別の内に午前十時頃、なつかしの白島を後にしぬ。我は昨日より重き下痢にて食も取らず腹には勿論一物も無く、亀山迄の量の道は烈日のもと餘りに遠し〉

打ち転び　月を見つめるわが耳に「早く行けよ」と母の声かも

〈岡本氏宅にて母を看る。車の母を静かにうつして蚊帳を吊しぬ。そして我も母の傍に眠りぬ。わが顔の蠅さへ拂う事も出来ぬ迄に不自由な母の体を一人の我にては治療も出来ず、叔母上やマサ子の手をしばしばわずらわしぬ。後半身全面の母の火傷は医師も我も如何ともなし難く……。医薬とて功を奏せず民家療法無論効なし。

患部は化膿して悪臭堪え難く、一日治療を怠れば早や蛆の発生してゐるには我等もアッと驚きの声をあげぬ。悪臭満つる小さき蚊帳の中に、母と共に寝る我は遂に気分悪しくなりぬ〉

母親は　も早や此の世に亡きものを　賢樹、寛にいかに伝えむ

〈幸薄き竹子よ……　夫出征中の留守を女一人で三人の子供をかかへ家業（製本）は廃止か存続かの岐路になやみ、賢樹、寛を疎開させし後もあれこれと乏しき食

料の内より種々苦面して、交通不便な疎開地に時おり吾子を訪れぬ。帰るときは吾子は淋しみ、泣きい出すと、母も此れが此の世の見おさめになるやもと、共々泣きしと我に語りぬ。又、己が住居の疎開、義弟夫婦の死去等々、心身共に多忙な女なりき〉

幾年瀬を　父とも離れ今は又　母とも永久に別れし子等よ

在りし日の　妹なりきたまさかを　吾子を訪ねて別れは泣きしと

戦史にも　曽てなきてふ戦慄の　大惨禍はわが広島市に起これり

〈毒を吸ひし者、白血球減少にて死に行く者数知れず〉

うらむくは　惨虚極まる原子爆弾（バクダン）を　発明せし者人智おそろし

〈ああ、日本帝国遂に降伏。昭和二十年八月十五日。我が降伏を聞きし時〉

わが母の　命をわれに断ちくれと　のらす母なり悲しき極み

住居無く　職無く親も無し　食物も無けれど死に度も無し

妹逝きて　母も逝きけり　蕭條と煙る秋雨茫然と見て居る

「**追慕**」

美しき　妹の晴れ着は手に取りて　乙女の妹をしのび泣くわれ　（富江）

昭和三十年　思ひ出の歌集「苦汁」完　（原文のまま）

叔父の当時の様子、心の様がリアルに詠まれている。今、読んでも当時の惨状が浮かんでくるような生々しさがある。

私は幼かったゆえに、これほど惨状を脳裏に焼き付けてはいない。しかし、私の身体には、拭うことのできぬ被爆の跡が生々しく残っている。それは、敗戦から七十余年過ぎた今でも、私を苦しめ続けている。

すべては愚かな戦争のためである。このような思いを二度と誰にもさせてはならない。この悲しみを誰にも負わせてはならない。

叔父の歌を読むたびにそのような思いはいや増すのである。

被爆の苦しみの中の差別

私は原爆によって家族の平穏な日常を奪われただけではなく、その後の世間からの風評被害との闘いも受けなければならなかった。

私たち被爆者の実態については、世間によく知られていない。それはGHQの報道管制により、被爆者の実情を報道することができなかったからである。

原爆投下から七年も経てば、被爆者自身も「忘れたい」という思いの方が強くなる。そして、これからの人生を立て直していかなければならないからである。

しかし、それを困難にさせたのは、被爆者が被爆を隠さないと生きていけなかった現実であった。それは、「うつる」という風評被害。まったく根拠のない、心ない噂が蔓延《まんえん》し、被爆者を差別する環境が形成される。そのため被爆者は口を閉ざさざるをえなかった。

そのため、被爆者の多くは広島から出て行かざるをえなくなった。泣く泣く故郷と別れを告げねばならなくなるのだ。

とりわけ女性は広島から遠く離れた地で結婚した。被爆者だとわかると、仮に婚約していても解消されてしまうことが珍しいことではなかった。そのため、私の同級生の多くは広島の地を離れていった。

当時は広島弁を使うだけで軽蔑された時代だった。私も東京へ出たときは、方言が隠せず、広島の人間だとわかってしまい、冷ややかな視線で見られたことを忘れられない。

こうした悲惨な、理不尽な体験を隠して年頃の人は生きた。

戦後は被爆の苦しみ、被爆者として差別される苦しみから自殺した人はたくさんいた。私の叔父や従弟の中にも自殺した者はいる。どうしようもない現実だった。

私が東京に出てきた頃、よく同僚から「顔色が悪いな」「健康が思わしくないのか」と言われたものである。そんな時、私は自分が被爆者であることは、口が裂けても言わない、と心に誓っていた。原爆病のことを公表すれば差別されることは間違いなかったからである。

放射能の影響は、時間がいくら経とうと消え去るものではない。

広島の被爆者も長崎の被爆者もその体験には口をつぐみ、いつ来るかわからない死の恐怖に怯え、つねに死を感じながら生きていかなければならない。こんな理不尽な健康被害が差別につながったのである。

差別は単なる健康面にとどまらない。被爆者というだけで就職先も結婚相手も見つからないという社会から拒絶された現実があった。多くの被爆者が被爆の事実を隠し、ひっそり生活し、そして、死んでいった。

健康被害は直接被爆した被爆者だけではなく、その子どもへの健康被害や差別も思いやられる。被爆者の子もまた、健康を得られず、差別の白い目で見られるとしたら、親としては耐えがたいことである。

私たち一族は、原爆に呪われた一族なのだ、と思えてならない。原爆で十人の身内を失った。さらに戦争では、二人の叔父が戦死、一人がシベリア抑留。戦争によって一族はめちゃくちゃにされてしまったのである。

私の妻も被爆者である。

妹が結婚した相手も被爆者。やはり、彼も白島で被爆している。

彼も被爆体験を発信し続け、『ヒロシマを変えた空』という本を出版し、その体験はテレビで紹介されたり、新聞に取り上げられたりしている。彼の体験は広島の小学校で劇になって被爆のモデル体験として扱われている。

たまたま、妹はそういう人と結婚した。これも宿縁であろう。

彼も被爆体験を風化させないための活動を続けている。

二〇〇八年には大型客船で世界を旅しながら国際交流をするNGOピースボートの「ヒバクシャ地球一周　証言の航海」に参加し、被爆者の「語り部」として世界を回るクルージングに参加している。このクルージングでは半年をかけて世界の各都市で被爆の体験を語り、市長から「核廃絶都市にする」という証明をもらいながら回る活動である。

こうした勇気ある行動は誰かがやらなければならない。悲惨な体験を人類全体で共有できたら、世界平和の実現に一歩近づけるような気がする。

第三章

原爆許さぬ絶対平和の思想

「原水爆禁止宣言」と運命の出会い

私が「核兵器廃絶」という人生の目標に目覚めたのは、一九六一年の学生弁論大会である。

私はこの時まで、被爆のことは思い出すのもイヤな記憶でしかなかった。広島での被爆体験をしたあの日から、悲惨な記憶から逃れたいと強く願って生きていた。

やがて、原爆のことは長い間忘れようと努力する日々を過ごしていたのである。

一九六一年、たまたま学生弁論大会出場者として選抜されたとき、弁論のテーマで悩んでいる私は、友人から、創価学会第二代会長の戸田城聖先生の「原水爆禁止宣言」を知らされた。

この「原水爆禁止宣言」は、一九五七年、神奈川県横浜市にある三ツ沢競技場に五万人の青年が集って開催された「東日本体育大会」の席上、発表された。

この画期的ともいえる「原水爆禁止宣言」を見聞して、私が記憶の底に押し込もうとしていた原爆体験をあらためて想起せずにはいられなかった。

あの被爆で奇跡的に生き残ったのは、このことを一人でも多くの人々に伝えるためではなかったのか。

無念のうちに死んでいった多くの人のためにも、二度とこのような悲惨なことが起きないように伝えなければならないのではないか。

そのような己に課された使命を自覚する機縁となったのだ。


それまでは、嫌な記憶でしかなかったために、私は原爆の「げ」の字も思い出さないようにして生きてきた。しかし、そんな生き方が間違っていたことを教えてくれたのが、戸田先生の「原水爆禁止宣言」であった。


この宣言が発表された当時の世界は、米ソ冷戦の真っただ中だった。一触即発、下手をすれば第三次世界大戦になるかもしれぬ、という国際的な緊張の時代だった。

大国が軍事力でしのぎを削る時代に「日本の青年男女はこのことを世界に広めるべきだ」と言って「原水爆禁止宣言」を発表したのである。

アメリカの悪口を言ってはいけない時代に、恐れることもなく大観衆の前で堂々と宣言したということで、私にとって大きな衝撃だった。

今は、比較的言論が自由に発信できる時代といえるが、当時はＧＨＱのプレスコードが終わるか終わらないかの時期なので、画期的なことだった。

私はこの弁論大会での発表をきっかけに、自らの被爆体験についてさまざまなところで文章を発表したり、マスコミの取材を受けるようになった。

後年、私の活動は講演や雑誌の対談をはじめ、ＮＨＫテレビのドキュメンタリーで取り上げられた。その原点は、この戸田先生の歴史的な「原水爆禁止宣言」だったのである。この本を書くにあたり、改めて戸田先生の歴史的宣言を目にして、当時の感激がいまもまざまざと蘇ってくる。

戸田先生はまず、「諸君らに今後、遺訓すべき第一のものを、本日は発表いたします」と述べ、次のように宣言した。

「今、世に騒がれている核実験、原水爆実験に対する私の態度を本日ははっきりと声明したいと思う。

核あるいは原子爆弾の実験禁止運動が、今、世界に起こっているが、私はその奥に隠れているところの爪をもぎ取りたいと思う。

それは、もし原水爆をいずこの国であろうと、それが勝っても負けても、それを使用したものはことごとく死刑にすべきである。

死刑とは、決して死刑制度の肯定ではなく、人類の生存権を奪う「絶対悪」を根絶することである、と言うことを主張するものであります。

なぜならば、我々世界の民衆は、生存の権利を持っております。その権利を脅かすものは、これ魔ものであり、サタンであり、怪物であります。

この人間社会、たとえ一国が原子爆弾を使って勝ったとしても、それを使用したものは、ことごとく死刑にされなければならん、ということを私は主張するものであります。

たとえ、ある国が原子爆弾を用いて世界を征服しようとも、その民族、それを使用したものは悪魔であり、魔ものであるという思想を全世界に広めることこそ、全日本青年男女の使命であると信ずるものであります。

いかなる国家、民族主義、イデオロギーよりも優先して、普遍的な人間という次元から核兵器の製造、保有、その使用は人間の生存権を無視し、脅かす死刑以上の「絶対悪」であるという規範、思想を世の指導者、そして、世の人々、一人ひとりの心の中に打ち立てる以外に戦争のない平和の確立はないと思います」

この戸田先生の「原水爆禁止宣言」は、イデオロギーや政治的立場から述べられたものではない。日蓮大聖人の仏法を根底とした絶対平和主義に基づくものである。戸田先生の思想を受け継ぎ、世界に向けて平和の奔流《ほんりゅう》を広げていったのが、現SGI会長の池田先生である。

池田先生の多年にわたる全世界を股にかけた平和活動は、世界一九〇か国におけるSGIの活動として結実している。池田先生のこれまでの超人的な活躍があったればこそ、今般のICANのノーベル平和賞の受賞につながっている。

脈々と平和の流れは、全世界に及んでいることを、残念ながら多くの人は知らない。すでに池田先生の指揮のもと、世界平和の種は蒔かれているのである。

危機に立つ人類にとっての大いなる希望であることは忘れてはならない。

原水爆声明と我らの使命

戸田先生の宣言に後押しをされて、私は被爆体験の葛藤を打ち破り、弁論大会の壇上に立った、あの高揚感を今も忘れない。

そして、「原水爆声明と我らの使命」と題して発表した論文は、みごと第一位入賞を獲得したのである。

ここにそのときの論文を再録したいと思う。いわば、私のこれまでの言論活動の原点とも言える記念碑的論文である。

（週二回刊）　第581号

第一位入賞

原水爆声明と我らの使命

日大　荻原俊雄

世の"為政者"に叫ぶ！

聞け、恩師の大宣言

人類の破滅に導く

世界を混乱にする

永遠の平和実現へ

若き日の著者の論文は第一位入賞し、新聞に掲載

「原水爆声明と我らの使命」

全世界の世論を無視し、ソ連はついに史上最大の核爆発を行い、アメリカもまたこれに応じ、いまや全民衆を「死の灰」の恐怖にたたき込んでいるのであります。

私は、原水爆、また死の灰の記事を見るたびに、昭和二十年八月六日、あの人類最初の原爆の被害を受けた広島のことが思い出されます。

当時、広島市に居住していた私は、数えで七歳でした。父は勤務先で被爆し、からだじゅうヤケドをして、顔、手足は二倍近くふくれ、一昼夜、家族の名を叫び、もだえ苦しみながら死亡し、祖母、叔母も死体がわからぬほど黒こげになって無惨な最期を遂げたのであります。歩む間もない、しかばねの山。「水をくれ、水をくれ」と泣き叫びながら死んだ人々の声が、今も、まざまざとよみがえるのであります。

現在もなお、原爆の恐るべき放射能にむしばみ続けられ、原爆症で虫けらのごとく死んでいる多くの人々、まさに阿鼻地獄さながらの様相を、ただ一個の原爆で再現したのであります。

人類を破滅に導く原水爆

ことし十月三十日、ソ連の行った五十メガトンの超大型核実験の爆発力は、広島、長崎に投下された原爆の約二千五百倍といわれております。

一九四五年以来、米英ソ仏の四か国は、総計約三百メガトンの核実験を行い、この爆発にもとづく「死の灰」により、今後七十年間に約三百万人の白血病とガン患者が出ることが予想されております。

しかも、これら放射線障害に対し、現代医学では、ほとんど、その治療法をもたず、まさに人類を破壊に引き込んでいるのであります。

米ソ両国の為政者たちよ！
この現実をいかんとするか！
口で平和を唱えながら、たえず世界民衆に戦争の脅威を与えているではないか！
汝《なんじ》ら人ならば、民衆の声を聞きたまえ！

かつての原爆により、地獄さながらの悲惨な姿で死んだ人々、また、いままでの核実験により、今後、何百万の民衆が「死の灰」の犠牲者となり、傷つき、もだえ苦しむであろう人々のことを考え、一分なりとも思ったことがあるかと、私は叫びたいのであります！

この危機をはらんだ世相をみるとき、過去、不運の体験をもつ私にとって、生きるべき道を教えてくださった恩師戸田城聖先生の「原水爆禁止宣言」の一端を拝読し、世の偽善者たちに声を大にして、真実の世界平和への道を示さんとするものであります！

それは「核あるいは原子爆弾の実験禁止運動が、今、世界に起こっているが、私は、その奥に隠されているところのツメをもぎ取りたいと思う」さらにまた「いずこの国であろうとも、それが勝っても負けても、原水爆使用者は悪魔であり、怪物であり、死刑にすべきである」とのおおせであります。

これこそ、現在行っている禁止運動に対する一大破折であり、人類を救うべき根本的解決策を示された大宣言であります！

世界を混乱に陥れる生命軽視の思想

されば、ここで世界各地における禁止運動にメスを加えてみたいと思います。日本の原水協は、初めの目的をよそに、年ごとに政治家たちの利用道具にされ、戦後十六年間いくら署名運動をしても、ただ一個の原水爆すらも禁止しえないのみならず、米ソ二大陣営の対立を背景に真っ二つ分かれて、たがいに反目しているではありませんか！

また、国連でも「核実験に反対します」等と、弱々しい、おざなり外交をしているさまが、世界唯一の原水爆被害国である日本の姿なのであります！

「いかなる国であろうとも、原水爆使用は悪魔であり、断じて許されない」と言い切れる信念の人が、今こそ必要であり、立ち上がる時なのであります！

世界に目を向ければ、各国のあらゆる階級の人たちにより運動されてきた「世界平和委員会」は、おもに共産主義が有力メンバーであるため、ソ連政府は、アメリカの原子戦略体制切りくずしに利用し、また、一九五八年、米英ソ三国により「核実験停止会議」が開かれて、じつに三百四十回の審議を重ねても、いまだ協定の成立をみないのであります。

かくのごとく、各国の議会や国連、ジュネーブ等で活発に討議されておりますが、すべて表面的方法論に終始しているため、たがいに相手国の原水爆禁止のみを叫んで自国を有利な方向にすることに利用し、そのため、解決の道は、ぜんぜん望めず、永久不安の世界から離脱する見込みはないといわれております。

本来ならば、イデオロギーを超越して人類を平和に導くこの禁止運動までが、米ソ両国の対立となっているのであります。なにゆえにこの事態が起こるのか!

「百千万の武器よりも、ひとつの思想、それほど恐ろしいものはない」とおおせのごとく、思想がその根本原因なのであります。

それは世の為政者たちが、核兵器使用も可能と考える根底に、生命に厳然と備わっている因果の法則をわきまえない、すなわち、永遠の生命に対する無知より起こる生命軽視の思想があり、それが自らの行動を誤らせ、世界を混乱に落とし入れているのであります。

永遠の平和実現へ

仏法では生命の尊厳を説き、日蓮大聖人様は「一日の命は三千世界の財《たから》にもすぎて候なり」とおおせになっております。

原爆を使用し、かかる尊い命を大量に奪うものは、悪魔であり、怪物なることは当然であります。

戸田先生が「原水爆使用者は悪魔であり死刑にするべきである」と申された言葉のなかに、強い、強い人間生命の尊厳を感ずるではありませんか！

世の為政者および民衆の心の底にある、こうした偏見にして低劣な思想を打破し、生命の尊厳を説く大仏法思想が人々の心のなかに打ち立てられた時こそ、真の世界平和が出現するのであります！

「悪魔のツメをもぎ取るとは折伏以外にない」との会長池田先生の仰せのごとく、人々の心のなかに真実の思想を打ち立てるのは、われわれの最善の道なのであります！

最後に、私は不安におののく世界の民衆にかく叫ぶものであります。

しばし待て！　世の人々よ！　必ずやわれわれ学生部員、池田門下生が、全世界に雄飛して永遠の世界平和を実現することをお誓いして私の弁を終わります。

悪魔の烙印、健康被害で苦痛の日々

あの日から七十年以上の時間を経ても、私は未だに放射能による後遺症に苦しみ悩まされている。嵯峨信行の詩『ヒロシマ神話』に次のような言葉がある。

死は　ぼくたちに来なかった。
一気に死を跳び越えて魂になったわれわれに
もういちど人間のほんとうの死を与えよ。
爆心地にいた〝われわれ〟は一瞬のうちに蒸発した。
〝そのなかのひとりの影が石段に焼きつけられている〟

広島市内の「原爆被害者相談員の会」がおこなったアンケート調査によると「今あなたが一番欲しいと思うのはなんですか？」の問いに対し、最も多かった回答は「健康な身体」というものだった。

放射能の後遺症や、子孫の遺伝に怯えて生きている被爆者にとっては、なによりも一番欲しいものは「健康な身体」である。それは、私自身、日々、痛感させられることである。

戦後、七十年以上が経ち、若い人たちには、「原爆や太平洋戦争は歴史の中の出来事であり、現在の日本や自分たちとは関係ない」と思っている人が多くなっている。人類史上初めての惨劇も風化されつつあるのです。

しかし、核の危機はあのときよりももっと私たちのすぐ傍にある。

日本は、地震大国であるにも関わらず、原子力発電所が五十四基も設置されている。しかも安全管理もできていない。テロ対策も皆無。安全対策も不十分。核廃棄物の処理法もないまま、再稼働による廃棄物の増産を止めようともしない。

もしも、テロリストが小型爆弾をドローンに乗せて、どこかの原発に投下したら、日本は終わってしまうのである。そのような危機にあるのに誰も真剣に対策を講じようとしていない。これが今の日本の現状なのである。

だからこそ、広島、長崎の悲劇を、風化させてはならない。

今も戦火は消えてはいないのだから。

今も世界のどこかで戦火は上がり、多くの無辜の民がその犠牲となっている。

戦争は歴史の中の出来事などではなく、現実なのである。

私たちとけっして無縁ではないのである。

声を大にして自分たちの過去を語れない被爆者がいる。語りたくても語れないのだ。

今も健康被害を抱えて苦しみ抜いているのである。

原爆症への無理解と差別

当時の被爆者で生き残った人々には、さまざまな症状が現れた。

頭髪は抜け、鼻や口中、歯ぐきからの出血、蚊に刺されたり、小さなひっかき傷でさえ化膿し、身体中から膿が湧き出て、骨が見えるまでに腐敗してくる。

私もいつも全身包帯だらけで、体力、気力も失せ、いつでも家族の誰かが起き上がることもできずに伏せっていた。

当時の人たちは、こうした被爆者の様子を見て、「ブラブラ病」と言って揶揄《やゆ》していたが、起き上がって活動しようにも体が言うことをきかないのである。プレスコードにより、世の中に原爆症の実態が知らされることがなかったために、誰からも理解を得られなかったのである。そしてさらに、情報不足から被爆者に対する差別が助長されることとなってしまった。

被爆者特有の「ブラブラ病」は、白血病を伴う原爆による被爆の代表的な症状だったのである。

医療機関もほとんどなく、原爆医療誌の記録によると、当日、原爆の広島市内の医師は二九八人中、被爆死二七〇人。生存医者数はわずか二十八人だった。

この生き残った二十八人の医師が、何の設備も満足な薬も、そしてこの未知の病に対する治療情報もないまま懸命に治療らしきことをしていたのである。

私たち一家も原爆投下後はドクダミ草を煎じて飲む以外、医者に診てもらうことも、薬をもらうこともなかった。

原爆による放射能は、今も私のカラダをむしばみ続ける悪魔である。

私は原爆の後遺症によるひどい肝臓障害や造血機能障害、気管支喘息をはじめ、数々の病気に悩まされてきた。今でも噴霧注入器を使って、吸入をしなければ身体は生きる力を失ってしまうのである。

妻もまた被爆者である。

二〇〇三年六月、五十八回目の原爆忌を前にして、被爆の影響と思われる三度目の原発性ガン、腹膜中皮腫で妻は亡くなった。

妻との結婚は、私の健康を心配した母が勧めてくれた結婚で、被爆者同士の結婚であった。

当時は私のような結婚は珍しいことではなかった。当初は、身体の健康状態のこともあり、世間の原爆症に対する無理解と差別、そうしたことを考えると、とても結婚などと考えが及ばなかった。

だから、結婚をするまでは「自分は、この世の中のため、平和運動をやって死んでいくものだ」と思っていた。

縁とは不思議なものである。こんな私と人生を共にしてくれた妻には本当に感謝している。

妻の納骨のため帰郷し、「国立広島原爆死没者追悼平和祈念館」を初めて訪れた。父母をはじめ、原爆死した身内の遺形《ゆいぎょう》や被爆体験記の中に、亡き妻が書いた手記が収められていた。

「結婚当時、私が原爆症で苦しみ、毎夜寝汗で夜具がびっしょり濡れていたこと」「二人とも被爆者のため、子どもの出産について後遺症のことで悩んだこと」などが手記に書きつづられており、妻の苦悩が偲ばれた。

妻の手記を読んだ私は、その当時の被爆者が結婚や出産すら世間の偏見に晒《さら》され、被爆したことを隠して暮らしていたことなどが想い出され、懐かしさとともに辛いひとときでもあった。

消えゆく原爆の悲惨を伝える声

戦後、アメリカは広島に「ＡＢＣＣ（原爆研究所）」を作った。

ＡＢＣＣというのは、別に原爆症を研究して、その治療法を確立するという目的で作られたわけではない。要するに被爆者を対象にして、いったい原爆の後遺症はいかなるものか、原爆の影響は、年を追っていかなる症状をもたらすのか、という人間モルモットを使って被爆による経過観察するためのきわめて非人間的な研究所であったのである。

研究所に連れて行かれた被爆者は皮膚を採取されたり、写真を撮られたりするだけで、一切、治療を受けたことはなかった。被爆のあと、生きるために母はそこに勤めるという、つらい役回りを引き受けていたからよくわかるのである。

新聞報道によれば、二〇一七年度の被爆者健康手帳を持つ人は約十六万四六〇〇人で、平均年齢は八十一歳を超えている。確実に原爆の悲惨さを伝えていく人たちの時間は残り少ない。

戦争、なかんずく核兵器の悲惨さ、そして生命と健康の尊さを、一人でも多くの人々に伝えることこそ、世界平和の実現に繋がるのではなかろうかと思っているが、それを伝える声が薄れていくことが残念でならない。

この世に生ある限り、再び、あの惨事を繰り返すことのないよう、核兵器の永久使用禁止を訴え続けたい。それが、あの日に生きながらえた者の使命だと思う。

私自身、原爆の後遺症によるひどい肝臓障害や造血機能障害、気管支ぜんそくなど、数々の病気に苛まれた体験から東洋医学を学び、治療を実践してきた。

その体験をもとに健康産業を創設した経緯がある。

こうしたさまざまな苦難に耐えてこられたのも、貧しい生活と原爆病に耐え、「あなたが健康で幸せに育つことだけを楽しみに、母さんは生きている」と言って懸命に働き、私たちを育ててくれた母の恩に報いたいとの強い一念による。

終わらない核実験と放射能の影響

放射能の被害は日本だけにとどまらない。

核実験がおこなわれれば死の灰を浴びる人が出てくる。汚染された魚や農作物が流通に乗ってしまえば被害はどこまで広がるかわからない。

「太平洋に浮かぶ真珠の首飾り」と呼ばれているマーシャル諸島共和国。

この国にはビキニ環礁でおこなわれた水爆実験で、幾度となく核実験場として使われてきた歴史がある。

その核実験による威力は、広島に投下された原爆の一〇〇〇倍だと言われている。この核実験は一度だけではない。一九七一年から十二年間にも渡ってビキニ、エニウェトクの両環礁で六十七回も繰り返された。

当然、島民に健康被害が起こらないわけはない。体調不良だけではなく、異常出産が続出している。

やがて、ビキニの人々は移住を強いられ、一九八二年に安全回復宣言されるまで、帰島することを許されなかった。しかも、ようやく帰島してみたものの、健康被害はつづき、八十五年に再び島を離れ、放浪の民となり、未だビキニに戻ることができずにいる。

「太平洋に浮かぶ真珠の首飾り」と称された美しい諸島は、その姿のまま死の灰を被った廃墟となってしまったのである。

私たちは、ひとつの地球に住み、水や空気、風や太陽の恵みを共有している。

ひとつの地球のどこか一カ所に傷みができれば、それは全体に広がっていく。その傷みを癒すことができるのは、「核兵器廃絶」という意識を全世界で共有すること以外にはないのではなかろうか。

第四章

GHQの日本人洗脳プログラム

誤れる歴史認識を広めたプレスコード

戦後、占領下においては、連合国軍最高司令官総司令部（ＧＨＱ）によって新聞などの報道機関を統制する「プレスコード」が引かれ、一切、米国にとって不都合な事実を書いてはいけない時代だった。もちろん、原爆のことも被爆の実情も書いてはいけない。

このプレスコードは、戦後約七年も続いた。

プレスコードの下、私たち被爆者は後遺症に苦しみながらも、その影響を強く被ったといえる。

生き残った被爆者の中でもケロイドの残った少女は「原爆乙女」と呼ばれ、アメリカの善意の医師が本土へ連れて帰り、何十回とケロイドの手術を施されたという。

ＩＣＡＮのサーロー節子さんも、そのうちの一人かもしれない。そうした女性の中には、私の近所の娘さんもいたが、ＩＣＡＮのノーベル平和賞の受賞の折、体験談を語っておられた。

戦後、生まれた赤ん坊にみられた放射能の影響とされる小頭症の問題もあったが、原爆のことは一切言ってはまかりならぬというプレスコードの日々が続いたため、適切な対処はできずに放置された。

もちろん、新聞だけではなく、小説も詩も言論弾圧されていた。

文藝評論家の江藤淳氏は『閉ざされた言語空間』という本の中で、プレスコードの影響は、戦後文学にも色濃い影を落とし、日本人の精神に取り返しのつかないものをもたらしたことを書いている。

これは、戦後の七年間の過去の出来事ではない。今日の日本人の精神構造にまで大きく影響していることなのである。

このようにアメリカの都合の悪いことはプレスコードですべて規制されていた。

朝日新聞は原爆のことに触れる記事を書きプレスコードに引っかかり、一週間発行停止になったこともあった。それ以降、もちろん新聞社は自主規制することになる。

プレスコードで骨抜きにされた国

まさに、戦後の日本は、言い換えれば「プレスコードで骨抜きにされた国」ということになる。

世界のジャーナリストたちが「二十世紀の十大ニュース」の第一位に、広島・長崎の原爆投下を挙げている。しかし、当事者である私たち日本の国民のどれだけの人が、原爆について認識し、意見や主張を持っているだろうか。はなはだ心もとないところがある。

ほとんどの日本人にとっては、遠い過去の出来事であり、今の自分の人生にとっては全く関係がないことと思っていることだろう。しかし、生き残った私たち被爆者は、後遺症に悩まされながら「あの日、多くの被爆者を助けられず、自分だけ生き残った申し訳なさ」に今もなお、心を苛《さいな》まれているのである。

そればかりではない。

近隣の国から核ミサイルが飛んでこないとも限らない。いや、テロリストが潜入して、爆発物を全国に五十四基ある原子力発電所に放り込めば、近隣の住民はおろか、広範囲にわたり被爆する可能性がある。あるいは、原発自体が、かの福島第一原発のように大津波に襲われれば、誰もが福島の被災者と同じ運命をたどる可能性があるだろう。

私は、私の人生の最後の願いとして、ここに書き残しておきたいと思う。

当時、若者を中心とするほとんどの男は軍隊に強制的に召集されていたため、広島、長崎の原爆投下はもとより、東京をはじめ、日本中の大都市に対する空爆による死者のほとんどは一般市民であり、その大半が女子、子ども、老人だった。まさに人類史上最悪の無差別大虐殺であり、あきらかに国際法の違反行為である。

私は日本政府がアメリカ政府に対し、国際法のルールに従って「原爆被爆者に心からの謝罪」と「核兵器廃絶を達成するまで限りない努力を続ける」こと。そして、広島の平和公園の原爆死没者慰霊碑に刻まれた「安らかに眠ってください。二度と過ちは繰り返しませんから」の碑文を「私たちは世界に二度と核兵器を使わせませんから、安らかに眠ってください」と改めることを要求したいと思う。

核兵器保有国は「核兵器が戦争の抑止力になり、それによって平和が維持される」と言う。これが保有国の論理であり常套句だ。しかし、この際限のない核軍拡競争という悪循環は、人類の絶滅、地球の破滅を招く怪物、悪魔となり、人間の生存の権利を脅かす存在以外のなにものでもないのである。

銃社会の米国が、銃の保持が、犯罪の抑止力になるという建前で、本当にそうなっているか一目瞭然である。

核兵器が存在する限り、核戦争の脅威も絶対になくならない。この当たり前のことを、人類共通の認識にしない限り解決の道はないのである。

無認識・無批判・無関心・無行動からは何も生まれない

二つのノーベル賞（化学・平和）を受賞したライナス・ポーリング博士は「世界には、核兵器や軍事力という悪の力よりも、さらに偉大な力があります。それは、人の心であり、精神力です。私は、人間の精神の力を信じています」と言っている。

インドの聖者、マハトマ・ガンジーもこう述べている。

「原子爆弾がもたらした最大の悲劇から正しく引き出される教訓は、対抗をもってしては滅ぼすことができないと云うことである」と。

死ぬも生きるも地獄の核兵器を造り出したのが人間であるならば、人間の責任として核廃絶をしなければならない。戦争は人の心から生まれる。いま「核の破壊力」以上に「人間の心」が問われているのだと思う。

平和とは、戦争、暴力、悪との間断なき精神の闘いから得られるものであると、私は身を持って経験してきた。

無認識、無批判、無関心、無行動からは何事も生まれない。

私は一人でも多くの人に悪や不正に対し、一人になっても主張し続ける勇気を失わず、最後のときまで生きていってほしいと願っている。

GHQ占領政策は今も続いている

国際政治学者の中西輝政氏は、その著書のなかで、イギリスの大学で指導を受けた歴史学の先生の次の言葉を紹介している。

「〝現代史〟という言葉があるが、あれは歴史ではない。歴史にそんな分野はない。なぜなら現代は歴史になりえないからだ。時事解説というのならかまわないが、歴史などと呼ぶべきではない。なぜなら六十年も経たないような時代の話は、その研究のもとになる史料や事実が絶対に確定されえないからだ」（『日本人としてこれだけは知っておきたいこと』ＰＨＰ新書）

私は戦後という時代をこの目でつぶさに眺めてきた。日本が敗戦の焦土から立ち上がり、貧しいながら懸命に働き、しだいに社会秩序を整え、東京オリンピックをひとつのメルクマールとして、高度経済成長、そして「ジャパン・アズ・ナンバーワン」と国際社会で謳われるような、ある意味で驕りの時代を経て、空白の二十年を過ごし、今日のあらゆる意味で日本が液状化をきたしている時代に生きている。

しかし、私はここで現状を嘆こうというのではない。

むしろ、私たち日本人の目をふさいでいる覆いを取り除き、元来ある優秀な民族性を取り戻し、世界平和に貢献できるようにする道筋をつけることである。そこまでできなくても、本当の日本の姿を描き、未来を輝かせる礎の一端を見せることができればと考え、この章を書き綴っている。

私が生前親しくさせていただいた元東急エージェンシー社長の前野徹氏は、その著作『戦後歴史の真実』（経済界刊）で書いている。

「今、おそらく四十代以下の方で、日本は侵略国家としての歴史を持ち、かつて日本人はアジアに多大な迷惑をかけた悪い民族であったという見方を疑う人はいないのではないでしょうか。日本国憲法は、平和憲法で世界の中でも素晴らしい憲法だ、だから守り続けなければならないと考える人がほとんどではないでしょうか」

この本は、今から十八年前に刊行された本なので、ここで「四十代以下の方」と書かれているところは、「六十代以下の方」と読み替えなければならないが、おそらく前野氏の指摘するところは間違いのないところであろう。

こうした多くの日本人が持つ認識は間違いである。その点についてはおいおい指摘していくが、その原因は大きく二つある。

それはＧＨＱの占領政策と東京裁判である。

私がこのように指摘すると、おそらく少なからぬ人が、「それは六十年以上も昔の話で、今の日本とは関係ないのではないか」と思われるかもしれない。

しかし、その二つの影響が、今の日本の情報空間を呪縛し、ほとんどの日本人を洗脳して、思考や精神を縛り続けているのである。

先の前野氏の著書の冒頭に「先に旅立たれた先輩」に託された思いを次のように綴られている。

「君たちの手で日本の将来を背負う若者たちに、後世に真実を伝えてくれ。私たちの

子や孫、子孫たちが、誇りある民族として世界に貢献できるようになるために」（前掲書）

まさしく、私が本書を執筆する思いもまた前野氏と同じである。もうすぐ私は、この愛する国に別れを告げる日を迎える。しかし、今のこの国を瞥見《べっけん》するとき、このままでは断じて別れを告げることはできない。

この国の多くの人たちの精神と身体の荒廃と歪みを放ってはおけない。そのような已むに已まれぬ気持に老体に鞭をふるっているのである。

戦後の多くの日本人が、先の前野氏の指摘のごとき、自分の国に対する見方をするわけは、戦後のＧＨＱ（連合国軍総司令部、実態はアメリカ軍単独であるが）による占領政策にある。

アメリカはすでに開戦前に占領計画を立てていたともいわれるが、綿密な計画は、『日本降伏後における米国の初期の対日方針』として明らかにされている。これは、国務、陸軍、海軍合同で作成したものであった。

対日占領政策の最重要課題

対日占領政策の最も重要な課題とは何か。

それは「日本人を精神的に弱体化させること」にあったのである。そのためには、何が必要なのか。

日本人の精神の根幹には、神道の精神というものがある。たとえその人が、キリスト教徒であろうと、仏教徒であろうと、唯物論者であろうと、無神論者であろうと、その精神の根幹には神道の精神というものがある。日本における神道とは、宗教ではないからである。

しかし、欧米人では、日本人が持つ神道の精神というものは理解できない。

だが、戦争末期の日本人による神風特攻隊、沖縄決戦による集団自決、硫黄島決戦による壮烈な玉砕は、アメリカ人の心胆寒からしめた。

日本人の理解不能の自己犠牲精神というものを心底恐れたのである。

だから、日本人の根幹にある神道の精神というものを徹底的に破壊しなければならないと考えた。それが、ＧＨＱの占領政策の根底にはある。

昭和二十年十二月十五日にGHQが発布した『神道指令』にその意図が端的に現れている。これが日本人に命じたことは三つある。

「神道」「皇室」「歴史教育」である。

神道については、「政教分離」。皇室については、「天皇の人間宣言」。そして「歴史教育」については「歴史教育の否定」と「東京裁判史観の刷り込み」。

これらを徹底化して、日本人の根幹にある精神性を破壊したのである。

戦後、歴史という教科はなくなり、社会科のなかに含まれることになる。そして社会科で教えるのは、アメリカ流の個人主義と民主主義である。そして、日本の戦前の価値観を全否定することであった。

つまり、暗黒の戦前から明るい民主主義の戦後、という構図である。

戦後の洗脳のために使われた重要なポイントのひとつに、〝言葉〟があった。何気なく用いられる言葉にしても、戦略的な洗脳の糸が見え隠れしているのだ。

まず、「終戦」という言葉である。

日本は間違いなく戦争に負けたのである。

天皇陛下の玉音放送を聞いた日本人の誰もが、「日本は負けた」と思っていた。だから「敗戦」なのである。

敗戦の自覚があるならば、「なぜ敗れたのか」「どうしたら勝機を見い出すことができたのか」「今度戦争になったら勝つために何をしなければならないのか」などと考えるはずである。

敗戦という言葉の中には、そのような意識を紡ぎ出す語感がある。

あるいは、敗戦による歴史の総括や戦争責任の問題を考えるところまで及ぶかもしれない。

ところが、これが「終戦」となると、ニュアンスがまったく異なってくる。「やっと戦争が終わってよかった、よかった」「これで空襲もなく、安心して寝られる」というような安心といった気分が蔓延し、戦争に対する総括も反省もない。

ただただ、「嫌な過去は忘れて、水に流そう」という、過去をうやむやにしてしまうというしまりのない無責任な気分だけが残る。

戦後社会に蔓延している、政界も経済界も官僚組織も何かが起こっても責任の所在を明確にしない無責任な風土が出来上がってしまった。まさに、この言葉から戦後の日本の無責任が生まれているのではないだろうか。

さらにGHQ（連合国軍総司令部）という名のアメリカ占領軍を「進駐軍」と呼びならわしていた。

日本は戦争に負けて、敵であったアメリカの軍隊に国土を占領されて、いいなりのまま国の仕組みや生活を変えられてしまう、というニュアンスは「占領軍」という言葉になるだろう。戦争に負けて、日本が占領されてしまったというイメージだ。

しかし、「進駐軍」という言葉からは、友好的に日本に入ってきて、進んだ文化や民主主義を教えて、日本を文化国家にしてくれる先進国の教え手、というようなニュアンスがある。

これも日本人を勘違いさせる言葉のすり替えである。

最たる嘘は、「日本国憲法」である。

憲法は、アメリカが草案のすべてを作り、日本側はただそれを翻訳しただけだが、あたかも日本との協議の上に作られたかのように偽装された。しかし、そのことを当時の報道はできなかった。ＧＨＱの言論統制（プレスコード、ラジオコードという検閲制度）があったために、本当のことを日本人に知らせることはできなかった。

ＧＨＱの作成した憲法草案をあたかも「政府草案」として、日本人の自主的な意志の反映された憲法ということになったのである。

一国の最高法規が、他国によって押し付けられたものを金科玉条のごとくおしいただいて、半世紀以上経過した今日においても、一向に見直して、現在の国情に合った内容に改定することもない、という異常な状態が続いている。

この「日本国憲法」から、さらに無数の嘘が生まれている。

世界でも有数の軍隊を「自衛隊」、歩兵を「普通科」、戦車を「特車」、駆逐艦を「護衛艦」などと言い換えて、その言葉のイメージから実情をごまかしている。

しかし、何と言っても最大のごまかしというのは「憲法九条」である。

リベラルの勢力は、戦後、日本が戦争に巻き込まれなかったのは、憲法九条の平和主義による「戦争の放棄」「戦力の不保持」「交戦権の否認」という規定されているからと主張する。

この憲法九条があるから、日本は他国の戦争に巻き込まれず、平和な社会を維持している、ということは、まったくの嘘である。

べつに憲法九条がなくとも、日本は戦争することなどできないのである。

それには二つの理由がある。

なぜ日本は戦争のできない国なのか

ひとつは国連の「敵国条項」である。

戦後七十三年たった今日において、日本は、国連加盟国の一九三か国において唯一、「敵国条項」を外されていない国なのである。

では、「敵国条項」とは何か。

ブリタニカ国際大百科事典によれば、次のようになる。

「国連憲章にみられる連合国の旧敵国に対する差別的規定。これは同憲章が第二次世界大戦の末期に連合国だけによって作成されたものであるため、日本、ドイツ、イタリア、ハンガリー、ルーマニア、ブルガリア、フィンランドなどの敵国を特別に取扱っている。すなわち、第 五十三条では、地域的取決めまたは地域的機関による強制行動は安全保障理事会の許可なしにはとれない旨を定める反面、旧敵国に対する場合はその例外を認め、また第一〇七条では一般的に、憲章のいかなる規定も連合国が旧敵国に対し戦争の結果とった行動を排除するものではないと定めている。この規定に対して、一九五〇年代に相次いで国連加盟国となった旧敵国は、この条項の非合理性と不当性に対する不満を表明するようになり、撤廃を主張するようになった。日本政府も国際環境の変化を考慮に入れて再三、撤廃を呼びかけている」

第二次世界大戦において連合国の敵国であった枢軸国に対する規定であるが、この規定に該当する国は、現在、国連加盟国においては、日本だけに適用されているものである。

この条文の規定しているところによれば、日本が再度戦争を起こそうとしていると判断された場合、いつでも戦勝国側（米、英、中、ロなどの戦勝国）は、無条件で日本を攻撃できるのである。そして、二〇一八年現在において、この敵国条項が外されていない国は、日本だけなのである。

すなわち、日本が戦争を起こそうと判断された場合、いつでも攻撃されても仕方のない状態に今も置かれているということである。

したがって、憲法改正によって、自衛隊を正規な軍隊として規定することはできない。また、一部の人が主張する日本が核兵器を開発して、核武装することもできない。そのことが明らかになった瞬間に連合国軍によって攻撃されても文句は言えないし、日本を攻撃した国が国際法違反にもならないのである。

日本は、敗戦後の平和条約である、サンフランシスコ講和条約（一九五一年九月八日調印、一九五二年四月二十八日発効）によって独立国家となったとされている。

しかし、ここにも嘘がある。

実は、サンフランシスコ講和条約の条文をよく読むと、日本は独立国家の要件である、「自治権」「外交権」のうち、「自治権」しか回復されていないのである。外交権の最大のものが「交戦権」である。

すなわち、日本国憲法の第九条において、「交戦権の否認」をしようがしまいが、もともと日本には現在も「交戦権」はないのである。

つまり、敵国条項ならびにサンフランシスコ講和条約によって、日本は戦力を持てない国なのである。


そもそも憲法九条のような「戦争の放棄」を謳った憲法を持つ国は、世界中で日本だけである。第二次世界大戦後、世界全体で少なくとも世界規模での戦争は起きていない。一部、ベトナムやアフガニスタン、中東などの局地戦はあるものの世界はおおむね平和を維持されている。これは、少なくとも憲法九条のおかげではない。

「憲法九条のおかげで日本は戦後の平和を実現できた」というリベラル勢力の言うことは、まったくのデタラメなのである。

東京裁判の亡霊は今もとり憑いている

東京裁判とは一体いかなる裁判なのか。

東京裁判、正式には「極東国際軍事裁判」という。昭和二十一年から二十三年の間、東京の市ヶ谷陸軍士官学校跡で開かれた国際裁判である。しかし、その実態は、デタラメな復讐法廷である。

それが現在の私たち日本人とどのような関係があるのか。

多くの人は、七十年くらい前の、遠の昔に終わった歴史の遺物に過ぎないものと考えているのではないか。少なくとも現代を生きる私たちには関係のないものと考えているのではないだろうか。

それが、今の日本の現状に大いに関係しているのである。

この裁判において、「日本無罪論」の論陣を張ったインド人の法学者、パール判事の主張は明快で、もっとも論理的に首肯できるものである。

パール判事は言う。

「この裁判は、国際法に違反しているのみか、法治社会の鉄則である法の不遡及《ふそきゅう》まで犯し、罪刑法定主義を踏みにじった復讐裁判にすぎない、したがって全員無罪である」

「法の不遡及」とは、後でできた法律で過去の出来事を裁いてはいけない、という法治社会の根本原則である。東京裁判は、この原則を踏みにじった違法裁判なのである。

この裁判は、あらゆる意味でデタラメなもので、公正とはおよそ言い難いものであった。中でも最も看過しえないのは、裁判を開く前にすでに判決は決まっていたということである。パール判事の子息、プロサント氏が言っている。

「裁判所が判事団に指令して、あらかじめ決めている多数決意見と称する判決内容への同意を迫った。さらにそのような事実があったことを極秘にするために、誓約書への署名を強要された」というものである。

パール判事は、東京裁判の本質について、「戦勝国が敗戦国の指導者たちを捕えて、自分たちに対して戦争をしたことは犯罪であると称し、彼らを処刑するのは、歴史の針を数世紀逆戻りさせる非文明的行為である」と断じ、「この裁判は文明国の法律に含まれる貴い諸原則を無視した不法行為」と指摘している。

もしも東京裁判が名目どおり「平和に対する罪」を裁く裁判であるならば、世界のいかなる国に対しても公正に国際法が適用されねばならない。そうであるとしたら、広島と長崎に原子爆弾を落とし、数十万人の無辜の民を殺傷したアメリカは、法廷の被告席に立たなければならないはずである。

東京裁判がまぎれもない戦勝国による「復讐裁判」であることは、その行われた日付を見てもわかる。

東京裁判によりA級戦犯が起訴された日は、昭和二十一年四月二十九日、すなわち昭和天皇の誕生日。そして東條元首相をはじめ、土肥原賢二、廣田弘毅、板垣征四郎、木村兵太郎、松井石根、武藤章の七名が処刑された日が、昭和二十三年十二月二十三日、当時の皇太子殿下、今上陛下の誕生日である。

日本国民にとって特別な日にあえて起訴し、処刑したというのは、明らかに日本国民に対する見せしめ、復讐裁判の何ものでもないことがうかがえるであろう。

だが、こうした東京裁判に対して、批判することは許されなかった。パール判事の主張についても詳らかに報道されることはなかった。

占領下の日本においては、マッカーサー司令部による厳しい言論統制が敷かれていたからである。GHQは、ポツダム宣言に違反する、約三十項目にわたる表現活動の禁止を発令していた。

その内容は次のとおりである。

第一の禁止事項は、占領軍総司令部に対する批判。

第二の禁止事項は、東京裁判への批判。

第三の禁止事項は、新憲法に対する批判。

第四の禁止事項は、検閲制度に対する批判。

東京裁判に対する批判は、GHQに対する批判に匹敵する第一級の禁止事項であり、詳しい報道などできるはずがなかった。したがって、当分パール判事の正当なる主張も「インドの判事が異色の意見書を提出した」とわずか一行ふれた程度で、詳しい内容について日本国民が知ることはなかった。

パール判事と同様に「ドイツのナチスに比して刑が重すぎる。減刑せよ」と意見書を提出したオランダのレーリング判事は、「勝者が敗者を事後法で裁く悪しき先例を作った」と違法裁判を批判するとともに「連合国側の犯罪行為については、一切取り上げることは許されなかった」と公正さに欠ける裁判であることを暴露している。

しかし、最も注目すべきは、判事ばかりでなく、東京裁判を仕掛けた張本人ですら、その違法性を認めているのである。

マッカーサー元帥は、時の大統領トルーマンに対して、東京裁判は誤りだったとの趣旨の告白を行ったことが後に明らかにされた。

また、マッカーサーの側近であったホイットニー少将は、「東京裁判は人類の歴史の中で、最も偽善的なものだった」とその愚劣な点を認めているのである。

こうした関係者や当事者も東京裁判の違法性、非正当性を認めているというのにもかかわらず、日本人の中では、戦後七十三年もたつ今日においても、東京裁判史観から脱却できていないのである。

日本人を洗脳するプログラムWGIP

先に名前を挙げた江藤淳氏は、一九七九年からアメリカのウィルソン・センターで米軍占領下の検閲事情を調査していて、GHQの内部文書に占領政策の一環として日本人の洗脳計画の文書を発見した。

この文書は「WGIP（ウォー・ギルト・インフォメーション・プログラム）」と称し、敗戦後の日本人が、敵国であったアメリカではなく、日本の支配層に対して敵対するように仕組まれたプログラムであるという。

江藤氏の分析では次のようになる。

「日本の『軍国主義者』と『国民』を対立させようという意図が潜められ、この対立を仮構することによって、実際には日本と連合国、特に日本と米国との間の戦いであった大戦を、現実には存在しなかった『軍国主義者』と『国民』とのあいだの戦いにすり替えようとする底意が秘められている」と言っている。

つまり、外に向かうべき意識を内側に向けることにより、占領をスムーズにするばかりでなく、その後の日米関係をアメリカに都合のいいようにコントロールする意図があったというのである。

実際にこのプログラムによって洗脳された日本人の中には、いわゆる「自虐史観」というものが巣くうことになる。

戦争がいけないことであるのは言うまでもないが、核兵器に「いい核兵器」と「悪い核兵器」があたかも存在するかのような二分法する思考時代になったことは、このプログラムによる占領の結果である。

広島、長崎に原爆を落として無差別殺人を犯したアメリカ軍なり、アメリカ大統領なりは裁かれて当然であるが、そうはならない。

原爆慰霊碑は「過ちは二度とくりかえしません」として、「アメリカは」という主語が抜けていることに何らの不思議と思わない神経――これもプログラムの影響。
戦後、蔓延している「民主主義」や「欧米の文化が素晴らしい」、「アメリカは自由の国」などというのは洗脳の結果である。アメリカのテレビ番組やハリウッドの映画などで、日本の消費が喚起され、せっせとアメリカから輸入される商品を喜んで購入することで、日本の伝統文化を「古臭い」として捨てていってしまったのである。

さらに「自虐史観」が植え付けられた結果、大東亜戦争（太平洋戦争は洗脳の一環の言い方）は、アジアの植民地を解放した戦いであった。しかし、あれは「侵略戦争」であったと認める総理大臣や閣僚もいて、このプログラムの影響は、今日もこの国を支配しているのである。

中国の「南京大虐殺」や「尖閣列島問題」、韓国の「慰安婦問題」や「竹島問題」も実は、アメリカが仕掛けたものという研究者もいる。
少なくともこのような問題に対しては、しっかり歴史を学び、毅然たる態度で臨むべきであろう。

いまも占領軍のＷＧＩＰが効果を発揮していることを知るべきであろう。

このような点を若い世代の人たちに、真実を明らかにしてもらうことを切に望む。安易なヒューマニズムでは、こうした洗脳には歯が立たないことを老婆心ながら伝えておこう。

第五章

平和の礎を目指して

命の尊さを旗印に会社を創設

齢八十を迎え、改めて自分の人生を振り返ってみると、かつて医師から「二十歳まで生きられない」と宣告された身でありながら、今の私があるのは、いくつかの要素があったからなのだと思う。

ひとつは、あの惨状の中で、私たち子どもの成長だけを願って育ててくれた母の慈愛である。母がいなければ、私は医師の言う通り、成人を迎えることなく生を終えていたことだろう。

さらには、青年期の私を薫陶してくれた偉大な師、池田大作先生の教えである。何度も挫けそうになった私を支えてくれたのは、池田先生の指導であり、数々の金言であり、著書の数々である。暗夜に灯る灯のごとく、いつも私の人生の道しるべになってくれたものである。

学生時代、大田区小林町に下宿していた私は、池田先生のご自宅、そして池田先生の奥様のご実家である白木家のご近所ということもあり、特に白木家ご一家には一方ならぬお世話になったものである。

そして、私の被爆体験である。たった一発の原子爆弾が、何十万人の人間の人生を捻じ曲げてしまった。そして私の身体にも生涯消すことのできない悪魔の爪痕を残した。だから私は、被爆の後遺症などに負けまいと懸命に生きてきた。いつ倒れてもおかしくない、決して健康ではない身体とともに生きてきた。そんな自分の身体と、強い精神を培ってくれた逆境に感謝したい。

私は、被爆者の身体を抱えていたからこそ、命の尊さと健康のありがたさを痛切に感じることができたのである。私が社会に出てからさまざまな仕事を手がけながらも、健康美容の仕事をやり続けてきた原点には、おそらくこの三つの要素があったのではないかと思っている。

健康美容をテーマとした会社を起こし広めることで、人々のゆるぎない健康と平和な社会の創造のための礎を構築していこうと思ったのである。

私は小学校を卒業するとすぐに大阪に出て、美容材料を扱う店に丁稚奉公に入った。そこに勤めながら中学校に通った。

中学卒業後に広島に帰ると「萩原商店」を立ち上げ、美容材料の商売を始めたのである。

私が始めた商売というのは、大阪の美容材料問屋から各種商品を仕入れ、これを広島市内の各美容院に売り歩くというものである。

一年間、寝食も忘れて懸命に働いた。そのおかげで、当時のお金で二十万円という資金を貯めることができた。私は、小金を貯めることに満足してはいなかった。私には大きな望みがあったからだ。

そして、「学成らずんば、死すとも帰らず」という置き手紙を母に残して上京した。とにかく東京で、勝負をして、勝たなければならない。

被爆者として蔑まれ続けた人生にピリオドを打ち、私をさんざんバカにした人間たちを見下してやらねばならない。当初の私を突き動かしていたのは、そのような幼稚きわまりない考えであった。


上京した私は高卒の資格を取り、当時もっとも時代の先端を走り、技術も格段の進歩の過程にあった電気技術を身につけようと考え、日本電子工学院に入学した。

そこで研究科を卒業して技術者の道を志すというのが当面の目標であった。しかし、これがどうしても性分に合わなかったため、あらたに日本大学経済学部の二部（夜間学部）に入学して、勉強しなおすことにした。

もちろん、私には仕送りなどないため、学費と生活費、それに母への仕送りを稼ぎ出すために学生時代も働き通しである。幾種類ものアルバイトを掛け持ちしての重労働は、身体にこたえた。疲れて眠くて、フラフラになりながら大学に通ったものである。中学以来、昼間は目一杯働き、夜は通学という生活が東京でも続いた。ひと口に「夜間学校に通う」と言うが、これは身体に後遺症を抱えた私にとっては、非常に辛かった思い出である。

ちょうどその頃、東京タワーの建設が始まっていた。その建設現場をはじめ、機械工からギターをかかえて流しをやったり、キャバレーのボーイをやったり、空手の有段をいかして用心棒まで、三十種類もの職業につきながら、資金をつくって独立のチャンスを探っていた。

幾つもの仕事の中で起業のきっかけとなったのが、大学時代の友人の作った企業調査専門の興信所に出資したことだった。私自身もこの会社で働いて二〇〇〇社の中小企業の調査を続けるうちに、中小企業がいかに恵まれていないかを深く知ることとなった。

私は、このときの調査分析をするという経験を生かして経営コンサルタントとして独立した。それが一九六五年（昭和四十年）のことである。

多くの会社の経営や税務手続きを手伝ううちに、いろいろな会社から顧問、あるいは役員として入ってほしいと頼まれ、二十五もの会社の設立に関与し、中には従業員わずか四、五人の調理器具の会社を、当時は珍しかったテレビ通販という手法で、わずか三年で一〇〇人ほどの会社に育てたこともある。

この頃の日本は、工業技術の開発と経済の成長においては目覚ましいものがあった。しかし、ボランティア活動や文化的な活動の歴史は、欧米とは比べものにならないほど浅く、また異分野間、異業種間の交流などもほとんどなかった。

知的創造の人脈づくりB・C・C

そういう時代を背景に「異分野の人々との交流の中で新しい知的創造の人脈をつくる会」というコンセプトを柱にした「ビジネス・コミュニティ・クラブ（B・C・C）」をコンサルタント会社と同年の一九六五年に発足させた。

いまでは、異業種交流会というのは珍しくないが、当時は、まだ、そのような発想をする者がなく、私が本邦初といっていいかもしれない。

B・C・Cの設立趣意書が手元に残っている。当時、どのような考えから発足させたのかわかるものなので、ここに引用しておこう。

B・C・Cの設立について

「『人間回復の経済学』の著者ジョゼフ・バジールは、『これからの職業人指導者に必要な能力は、職業的技術二十五パーセント、革新的創造力二十五パーセント、あとの五十パーセントは教養である』と言っておりますが、学問の世界でも、今までの経済学、社会学、心理学といった個別学問ではなく、経済社会学、経済心理学といった境界領域が広がり、学際部門の重要性が叫ばれております。

即ち、これからの人生、職業においては、ますます人間に関係する領域に関心が向かう傾向にあります。したがって、新しい時代の社会人、職業人像としては、次の事項が特に要求されるものと思われます」として、挙げている能力は、次の三つである。

「人間の理解能力」。これは「世代や職業を越えた〝心の豊かさ〟〝品性のよさ〟であり」そのため「知識、創造力の訓練と、精神的修養、人格の陶冶を持続して、人格向上に努めること」を要求する。

ついで「人脈の構築能力」。これは「横に広がる新しい人脈を得る豊かな人間関係を作る能力（社交能力）」で、「伝統的なタテ人脈に加え、①異質の職業、分野の人との交流　②さまざまな世代の人との交流　③情緒や遊びの世界のつながり等が必要」とされる。

さらに「情勢判断能力」。これは「幅広い人脈によって、多くの情報ネットワーク、チャネルを問題別に持ち、数多くの情報を入手すること」。「こうして得た〝生の情報〟を分析し、将来の社会、経済の予測、判断材料とする能力」ということ。こうした三つの事項を主テーマとして「異分野の人々との交流の中で新しい知的創造の人脈を創る会」として設立したものである。

B・C・Cは参加企業も五〇〇社を数え、私はこのB・C・Cを出発点にして、さまざまな団体に関係し、お手伝いをしていろいろな方々とお会いする中で、世界の国境をなくす、あるいは超える「なにか」を捜し出さねば平和は訪れないというコンセンサスを見出したのである。

「健康美容」をテーマに東洋医学を学ぶ

その傍ら、仲間たちと東洋医学の勉強を始めた。

私自身、原爆の後遺症による病気体験や大田区に住んで気管支ぜんそくで公害認定患者になっており、健康と医療にはかねてから強い関心があった。

そのために「健康美容」をテーマとした東洋医学を学びたいと考え、東洋医学の治療を実践してきたのである。

専門の講師として、医師、薬剤師、栄養士などに参加していただいた。

勉強会では『本草綱目』『傷寒論』といった東洋医学の聖典にあたり、食養の重要性を学び、実際に薬膳料理を作り、それを食して確かめるなどして研究を重ねていると、会の中で「便秘が治った」「髪の毛が黒くなりはじめた」「髪の毛が生えてきた」といった声があがるようになり、その実証効果絶大なるを知り、参加者ともどもに感嘆したものである。

『本草備要』には「髪は血余《けつよ》なり」と記載されている。髪の毛は血液の余りでつくられている、という説である。考えてみれば当たり前のことで、私たちは食べたものによって作られている。食べたものが血となり、肉となる。したがって、食べることに意を払わないでいると、さまざまな健康上の問題を引き起こすのは当然のことであるのだ。

いまでこそ髪の毛を研究する医師も増えたが、当時はほとんどいなかった。

だから、たとえ「頭髪が異常に抜ける」と不安を訴えても、西洋医学に基づく検査で異常が発見されなければ「異常なし」として、まともに診てはもらえない、というような時代だった。

私は考えた。

頭髪や肌など、体表に現れる変化というものは、内臓になんらかの原因があるに違いない。いち早く前駆症状に気づいてもらい、その原因を断つことができれば髪の毛や肌も健康になるのではないかと考えた。

そこで私は、内輪の勉強会だけではもったいないということで、不特定多数の人を集めた講習会に発展させていくことにした。

中国に良いお茶があると聞けば取り寄せ、独自のシャンプーを作ったりしながら、東洋医学に基づいた健康を考え、実践する活動を続けてきた。

こうなると勢いというものである。

ならば会社を興そうということになり、一九七六年に創業したのが、「自然美システム」の前身にあたる「自然美教室」である。

私たちの体験を一人でも多くの人に知ってもらい、美しく健康になってもらおうと思って始めた研究会や講習会が、会社として、ひとつ結実したのである。

真の美容は健康から生まれる

起業にあたり、美容も健康も一体のものということで、「真の美容は健康から生まれる」というコンセプトのもと、社名は「自然美」とした。

そして、会社の使命として「真の美容は健康から生まれる」という勉強会を立ち上げ、この思想を世の中に普及しようと考えたのである。

基本としたシステムは、東洋医学と現代美容医学の融合。その先に健康美容クリニックの経営、そして、この思想に基づいた商品開発、即ち、漢方薬、健康食品、化粧品などを提供しようと考えた。

このサービスを提供するために、自然美では相次いでグループ企業を設立し、化粧品、漢方薬、健康食品、クッキーなどを製造開発し、本社に「健康プラザ」を設置するとともに、「漢方美容院」「鍼灸指圧治療院」「漢方薬局」「栄養クリニック」「心理・体操」などの教室を運営した。

当時としては日本で初となる「毛髪分析研究会」を医学、栄養学、薬学の専門家と設立し、毛髪に含まれる有害金属量で健康状態を測る「毛髪診断」や、医師、薬剤師、美容師などを対象にした健康美容カウンセラーの育成事業などにも取り組んだ。

私にとって「自然美」というのは、コンセプトである「真の美容は健康から生まれる」という思想に尽きる。

その基本は、「人為の加わらない本来のままの真理であり、山水風月等の自然界に現れる美の定義である。自然と生命の素晴らしさと無限の可能性を信じ、広大無辺の宇宙と自己と社会をつらぬく生命の因果の法則と秩序、その根源にこの自然の子である人類の魂の原点があると確信する」という難解ながら壮大なものである。

このことからも私の健康美容哲学には外見的な見かけだけの美しさだけではなく、人間の内面的な心の部分にまでも及んでいることを理解していただきたい。

もちろん、商売を成功させるためにはお金に対する強い執着も必要であり、商売に対する強い思いや商品知識、経営ノウハウも欠かせない。

しかし、人が生きていくとき、必ずや苦難や挫折に遭遇する。そのとき、それを乗り超える勇気や根性も必要だが、事業を成功させるためには、自分のやっている仕事に対して「なぜこの仕事をやるのか」「どういう方法で成功に導くか」という事業哲学が重要になる。

人はお金のためだけではなく、人間、社会に対する貢献が常に必要なのである。事業も自然界の法則と同じである。常に新しいことを創造していかないと、立ち枯れてしまう。

私は、恩師・安岡正篤先生に「誠実であれ、誠実とは社会的生命である」と教えられた。誠実でさえあれば、必ず社会に助けてもらえる。誠実であることを忘れず、常に創造的でありたいと思い、これを自然美グループの社是としたのである。

世界の国境をなくす平和運動のための国連支援交流財団

戦争、平和、健康を二の次にして、経済、利害、自己の利便だけを追求してきた戦後の生き方の結果、今の日本はどうなっただろうか。子どもたちはどう生きてきたのだろうか。

世界はボーダーレスの時代に入り、ますます地球はせまくなってきた。

そのため、自国の独自の価値、独自の文化も、他の国々の理解がない限り生き残ることができない時代である。つまり一国、一民族だけでは、平和も幸せも築けない世界となったということである。地球規模で考えないと情報も経済も成り立たないようになっている。

私は、起業して会社を経営する傍ら、戦争・平和・健康・幸福を生涯のテーマとし、数々の運動、ボランティア活動にかかわってきた。意識するしないにかかわらず、困っている人の問題が持ち込まれると、矢も楯もたまらず行動した。交通遺児学費支援、天神町のイラスト運動、各地の難民救済、ユニセフ、中国残留孤児支援などである。

私がボランティアを通して国連に強い興味を抱くようになったのは、「一路会」の発起人代表であった公明党国会議員の渡部一郎先生にお会いしたのがきっかけである。国会議員連盟の一員でもあるその方に国連のお話をうかがい、私も何かお手伝いできればと思ったのである。

一九八八年に国連支援交流財団を設立してからは、常任理事の一人としてＰＲ活動や資金援助などのお手伝いをさせていただき、活動の幅を広げてきた。

国連支援交流財団とは、アメリカ合衆国及びニューヨーク州の免税認可を有するアメリカ法人で、国連活動を支援し、国際的な交流を推進する財団である。出資者の大半は、善意の日本法人および個人であり、世界的な活動の輪を広げている。

主な活動としては、国連と積極的に交流し、意見を述べ、関心を表明し、国際的責任と社会的協調を図っている。また、世界の学者、文化人、専門家、市民、学生、NGOなどの交流を通し、講演会、セミナー、国際会議等の国際交流事業を行い、国際文化交流を深め、国際相互理解促進の活動を行い、世界各国の友好関係強化に貢献している。


財団の目的としては、「世界の平和と繁栄は、国連を中心に一段とその成果を発揮していく」ために、①国連の活動を幅広く支援していく　②国連活動の広宣・PRを行う　③世界の各層の人々の交流によって、国際相互理解を推進する　④国際交流、国際社会に貢献する人材育成をする、などの事業を行うことである。

財団は、日本国連議員連盟の支持をいただいているが、一党一派との支持関係はなく、趣旨に賛同された議員に限られている。

そして財団は、国連活動を支援するために、国連の各機関と連携を密にしている。

設立当時の国連支援交流財団のリチャード・W・ピートリー会長は、次のようなメッセージを送られた。

「当財団は、一九八八年、国連活動の理解と支援の必要性を痛感した善意ある米国および日本の各界リーダーによって発足されました。（中略）私どもの目的は極めてシンプルで明快です。
☆国連の活動を支援していく。
☆国連の組織、活動、目的について、日米のリーダー、一般の人々に啓蒙し認識を高める。
☆同様の関心を持つ日米既存の団体に協力する。
☆国連およびその活動を支援する世界のリーダーの関与を実現できるよう協力する。
（後略）」

世界の平和と人々の健康、そして地球が美しい緑と澄んだ水の惑星であり続けることは、私の心からの願いである。

「理想は、我々自身の中にある。同時に理想の達成を阻む諸々の障害もまた我々自身の中にある」とのカーライルの警告を忘れることなく、理想の実現に邁進していったのである。

もちろん本業に専念したほうが事業はより発展することはわかっていても、私は信念に突き動かされてやらずにはいられなかった。

私にとって国連支援交流財団とのかかわりは、理想の実現であるとともに、世界についての理解を深める機会ともなった。

私は国連支援交流財団に参加して、とくに力を入れたのがカンボジアの再建支援である。地雷で手足を失った人に義肢・義足装具を贈り、大けがで身体の自由を失った人には車椅子を贈る。これもカンボジアとの国際交流の一端である。

このように、私が私財をなげうってもボランティア活動に駆られるのは、被爆体験がもたらす原爆症という、背負っている重い十字架のなせる技なのかもしれない。
たとえば、カンボジアの小学校への支援は、私が被爆後にユニセフからノートなどの支援を受けたことが強く影響している。カンボジアの子どもたちもあのときの私と同じように、ノートはおろか教科書さえない境遇にあったのである。

私たちは、資金集めに必至に取り組み、集めた資金で教科書三十万冊分をつくるための紙と印刷機を寄付し、小学校も四十二校建て、義足工場も造った。

また、教育だけではなく自立のための仕事も必要となる。私たちは足踏みミシンを全国から寄付してもらい、カンボジアに送って、職業訓練学校の卒業生に一台ずつ贈るなど地道で細かい活動を続けてきた。

「国連支援交流財団」の発足記念レセプションでの壇上

カンボジアの地雷原に立つ著者

私は原爆の被災者として、医療もなにも受けられないで死んでいった人たちを見送った経験や教科書もない教室で学んだ過去があることから、このような国連支援交流財団の運動には積極的に参画してきたのだろうと思う。

私たち民間人が国連をバックアップすることで、平和運動に繋がっていたと自負している。

国連支援交流財団の広島支部が結成された折に、ご挨拶させていただいた私の話が機関誌に掲載された。私の活動の原点になっている考えがまとめられているので、ここに一部転載しておきたいと思う。

「私の人生の原点は広島です。当時私は七歳。父をはじめ、家族の十名は焼死。幸い私は家の中にいて火傷は免れましたが、放射能によるあらゆる症状や苦痛を体験し、現在も原爆症との闘病のなかで生きています。

昭和三十三年、大学入学のために上京、学生時代に弁論大会のテーマを原稿に書いているうちに、改めて原爆体験を深く認識すると同時に、使命を自覚しました。戦争、平和、健康、幸福を生涯のテーマとし、数々の運動、ボランティアにかかわってまいりました。交通遺児学費支援、天神町のイラスト運動、各地の難民救済、中国残留孤児支援などです。

一九八八年に国際支援交流財団設立以来、役員の一人として活動させていただいております。

私の生活基盤が固まってまいりました四十歳ごろから、収入の十パーセントを社会や不幸な人々のために使おうと決めてまいりました。

日本人が国際化を問われているのは、実は日本人の『人間としての生き方』が問われているのではないでしょうか。

人は皆、幸せと平和を願っていますが、それぞれが人間として成長しない限り、達成されません。

本当に幸せな人生を築くには、どうしたらよいのか。精神医学者のアドラーは次のように言っています。『いつもどうしたら他の人を喜ばすことができるか考えている人は幸福な人です。不幸に陥る人は、自分だけのことを考えている人です』

『大河の一滴』の著者・五木寛之は「愛も、思いやりも、ボランティアも、一方的にこちらが勝手にやることである。そのお返しを期待してはいけない。添う覚悟したときに何かが生まれる」と書いています。

知恵ある人は知恵を、時間と金のある人は時間と金を、平和の原点である広島から、世界の人々からしてもらうのではなく、私たちから世界の人々に何かをしてさしあげる人間になりたいと思います。いまからできる行動を起こし、心豊かな人生を送りましょう」

「健康こそ幸福と平和の基本」を求めてNPO「日本ヘルス協会」を設立

一九八八年に国連支援交流財団に参加するより以前、一九八五年に私が取り組んだボランティア事業がNPO「日本ヘルス協会」である。

日本ヘルス協会の理事長として、私は機関誌「ヘルス・ルネッサンス」の創刊号に

「ヘルス・ルネッサンス宣言」と題して、その目的について宣明しているので、ここに引用させてもらう。

「スローガン
健康な人には、より若く美しく
不健康な人には、より健康に
病の人には、最善の医療を

二十世紀末、日本の社会のあらゆる分野で、深く長い混迷と激変が続き、人々は身も心も不安感、不健康な雰囲気が漂っております。生あるものすべては、生老病死を免れませんが、成人になったからには、自分の健康は自分で保持するという強い自覚が必要です。

ある人いわく「すべての病の根源は自分自身にある。故に病の意味を問いかけ、自分で認識して、治療に専念しなければ、真の病の克服にはならない」…と。
先ず自分の体について、検診その他の方法で体質や身心の状態を正しく認識し、根拠ある健康医学・養生法によって、自己の健康保持に努めたいものです。しかし、不幸にして病に冒された場合は、最新の医療情報の中から最善の方法を探し出し、信頼する専門医にゆだねる以外ありませんが、そのすべてを医者まかせでなく、自分の病は自分で治す強い意志を持つことが大切です。

現代は、真に健康に生きることが困難な〝健康不安時代〟といわれていますが、急速な少子高齢化社会は、保健医療、社会保障はもとより、さまざまな問題が噴出しています。

長寿化に伴う永い人生を、ベルグソンの至言「行動への意欲を持ち、環境に柔軟に適応しながら、さらに的確な判断力と不屈の精神、最上の良識を合わせもつ」という理想の健康観を得るため、努力を続けたいと思います。

当「日本ヘルス協会」は、予防医学、健康養生法の普及と、健康美容と医療のネットワークづくりという重大な課題に取り組んでいます」

日本ヘルス協会は、最高顧問に高度先進医療研究会会長の故岩井宏方先生、特別顧問に東大名誉教授で日本統合医療学会会長の渥美和彦先生、札幌医科大名誉教授の熊本悦明先生、特別相談役には、アシックス取締役会長の故鬼塚喜八郎氏、アサヒビール名誉顧問の故中條高徳氏、アジア経済懇話会会長の故前野徹氏等々、社会的にも大きな影響力のある方の協力をいただいて発足した。

設立に至った背景としては、私自身が広島で被爆し、原爆症や公害認定患者として今なお治療を続けている経験、病床にあった母親の十八年間に渡る看病、健康美容分野での事業活動などをおこなう中で、大事なことは健康を保持し病気にならずに生きていくことだと痛感したことである。

もちろん、「生老病死」は誰人も免れ得ない自然の法則である。

しかし「健康こそ幸福と平和を生む源泉」、願わくは、健康で徳を積み、意義ある奉仕と、豊かな生命活動の中で天命を全うする人生をサポートしたい、そんな思いで「日本ヘルス協会」は生まれたのである。

現状の美容業界の主流は、外見の美しさを優先し、健康を無視した施術が行われていたり、医療界においても人間の幸福・生活の質を無視した延命治療が行われている。

東洋医学には「養生法」という言葉がある。これは日頃から養生し、できる限り病気にならずに人生を送ることを可能にし、万が一病気になったときには最善の医療が受けられる、というものである。

この一九八五年に創設された日本ヘルス協会は、新たな段階として二〇〇二年にNPO法人として組織変更し、新たな活動を開始した。

NPO法人「日本ヘルス協会」が予防医学の普及に向けて具体的にどのような取り組みができるかを考えたとき、私が一番先にやらなくてはいけないことは縦割りになっている医療、健康、美容のそれぞれの業界の垣根を取り払い、情報や人材のネットワークを作ることだった。

「医療と美容の垣根を取り払うサポートを日本ヘルス協会でやる」と決めてから私がおこなったのは、美容や健康食品に関する正しい知識を普及させるために、ホームページや季刊誌、会員向けのニュース、会報誌など、あらゆる手段を使って情報を伝えることであった。

この頃、健康をテーマとした業界にブームが起こっていたため、いろいろな整備が追いつかず、金儲け主義の健康食品もあり、問題もあった。そこで、まずは業界を健全化する必要があったのである。

私は健全化を図るために、美容、健康食品、健康グッズなど健康業界の社長に日本ヘルス協会に入っていただき、さまざまな勉強会をおこなった。

毎月一度、アシックスの創業者である鬼塚喜八郎氏やアサヒビールの名誉顧問の中條高徳氏、ドトールの創業者の鳥羽博道氏というトップビジネスマンを呼んで講義をおこない、金儲けではなく、健康社会に貢献できる業界をつくっていくという教育から始めた。

乱立した健康食品の中には行政の指導を受けるケースが多くあった。法整備も整っていない状況で、代替医療・伝統医療が玉石混淆であることも確かだった。

健康産業を健全な業界に成長させるためにも、いい加減なものは取り締まらなければならない。逆に効果があるものについては科学的に研究し、エビデンスとして発表していく必要がある。そういう事業にも取り組んでいきたいと考えた。

代替医療や伝統医療の領域に今後医療の一部がシフトしていくことになるのは世界の潮流から見ても、医療経済の逼迫から考えても間違いないことだと確信していた。

また、集まった企業から、社員教育のプログラムとして「自分の健康は自分で守るという教育をシステム化してほしい」という依頼があり、「自立健康ライフシステム研究会」を立ち上げた。

これは社員教育を一つの大きな柱として、健康教育を行っていくというものである。私は協会内に五十人規模の教室をつくり、企業の中で自立した健康生活を指導することができる、指導員の養成・教育事業もやっていこうと考えた。

その指導員となる人こそ、中高年の人にこそ担ってもらいたいと考えた。定年を迎える六十歳くらいだと、その間に病気もしたり健康について考えたりと、その年齢ならではの経験を持っている。

この世代の人たちが健康でなければ社会も家庭も成り立たない。だから、その経験を活かし、彼らに予防医学指導員、自立健康ライフ指導員、生活習慣アドバイザー、食生活カウンセラー(仮称)など、年齢制限のない一種の資格を与えて、予防医学の重要性について、なんらかの形で普及活動に尽力してもらうことを理想と考えたのである。

若い人の教育よりも、中高年の人がこういう世界に関心をもち、手伝ってもらえるような仕組みをつくることも私の「平和と健康」をテーマとした数々のボランティア活動のひとつだと思ったのである。

もちろん、現役や引退した理美容師に勉強の場を与え、予防医学の一翼を担えれば健康や美容にかかわるすべての業界の垣根を取り払い、ネットワーク構築の一翼になると考えていた。

私の限りある人生最後の社会貢献事業としてＮＰＯ法人（特定非営利活動法人）「日本ヘルス協会」の目指している場所だったのである。

医療改革を目指して「日本統合医療学会」を設立

日本ヘルス協会設立のあと、東京大学名誉教授であった渥美和彦先生により「日本統合医療学会」が設立された。

私自身、気管支喘息の公害認定患者であり、寝たきりの母親を介護した経験を持っている。母の脳疾患手術について、医師は大成功と言っていたが、私にはそのような評価はできなかった。

実際に母は十八年間、ずっと天井を見つめるだけの寝たきり生活を強いられていた。どこが「大成功なのか」と言いたい。こんな無責任な医療ではダメだと痛感した。長年、患者として、家族として医療に接していく中で、近代西洋医学一辺倒で、患者の人生よりも治療や研究を優先する日本の医療の現状に疑問を持ちはじめていた。もっと代替医療や・伝統医療が重視されるべきではないかという気持ちを強く抱くようになっていったのである。

医療制度の矛盾と行き詰まり、正当な評価のない健康関連情報・商品・サービスの氾濫など健康医療を取り巻く環境は、当時、混迷を極めていたように思う。

こうした中で、未来の健康医療のあり方として近代西洋医療と代替・伝統医療を統合した統合医療が、世界的な潮流になりつつあることも事実である。

「統合医療」は米国アリゾナ大学のアンドルー・ワイル博士などの提唱によって始まり、その後、ヨーロッパ、アジアを経て世界的となった。

日本では、二〇〇四年、東京大学名誉教授の渥美和彦先生が中心となって学術専門家による「日本統合医療学術連合委員会」を誕生させ、学・民を巻き込んで、統合医療実現を一つの社会運動にしていこうと動き出したのである。

近年、医療技術の進歩は著しく、レーザー、超音波、ＭＲＩ、遺伝子治療、再生医学、ロボット医学等々が脚光を浴びている。

しかし各国とも本格的な高齢化社会を迎え、西洋医学だけでは対応できない切実な問題に直面したこともまた事実である。

明治に定められた近代西洋医学一辺倒の法律・制度だけでいいのか、という基本問題が問われ始めていた。過去のこうした制度により切り捨てられてきた伝統医学、民間治療法等は数千年の歴史に淘汰されながらも生き続け、今もなお、保健医療が適用されないにもかかわらず、多くの人々に支持されていることもまた事実である。

私は「日本統合医療学会」の設立こそ、政・学・民による統合医療の実現をさらに広げる第一歩であるとともに、病気の予防と健康保持を中心に、国民が最善の医療を選択できる社会を実現できる基本だと考えた。

この「日本統合医療学会」の設立趣意や目的も「日本ヘルス協会」の活動目標と軌を同じくするものであることから、両団体と共に、国民本位の全人的健康医療を目指す「統合医療実現」の啓蒙と普及推進を担っていた。

日本統合医療学会が目指すところについて、日本ヘルス協会の機関誌「ヘルス・ルネッサンス」の創刊号において、日本統合医療学会の代表であった渥美和彦先生と私の巻頭対談において、渥美先生が注目すべき発言をしているので、ここに抜粋しておこう。

「この学会がめざしているのは、近代の西洋医学のみならず、その他の医療を統合して、ひいては、患者・国民中心の医療を統合しよう。その実現のために、教育・研究・制度などの改善や改革を推し進めよう。さらには、関連の学会や協会などとともに緊密な協力や国際交流も推し進めようと考えている」

「いまの身体医学に加えて、今後はスピリチュアリティを考慮しない医療は成り立たなくなるでしょう。人間はいったいなんのために生きるのか、死とは何か、人間存在の根本を見据えるものにならざるをえない。そうした自覚に基づいた医療行為が必要になってくる」

今後の医療は、間違いなく西洋医学一辺倒から東洋医学、伝統医学、民間療法を統合し、肉体だけでなく、精神の健康までを見据えた統合医療という流れは間違いないところだ。その流れをいち早く日本に定着させようとしたのが、日本統合医療学会の設立である。微力ながらもその設立に私もかかわってきたのである。

二〇〇四年五月十七日には、綿貫民輔先生を会長とする三党（自民・公明・民主）衆参国会議員八十五名による「統合医療を実現する会」がついに結成された。

民間、医学会、政治をつなげた「統合医療を実現する会」

ここで政治家による「統合医療を実現する会」の結成について触れておく。

なぜ私が政治家による「統合医療を実現する会」の結成に奔走したかというと、私は統合医療を真に実現するためには民間と医学会だけではなく、政治という三本の矢が必要だと考えたからだ。

明治政府が日本の医学医療の中心を近代西洋医学に定めて以来、医療にかかわる法律制度は医師が中心であった。その医師に代替医療や伝統医療の知識がなく、関心も高まらない現状では代替医療、伝統医療に対する扱いは変わることはない。そうであるならば、法律制度から変えていく必要がある。
私が「政治家に働きかけていこう」と考えるようになったのは、その点なのである。

二〇〇五年四月十四日に「統合医療を実現する学術連合委員会」という学術の会を発足させた。

この委員会は、日本代替・相補・伝統医療連合会議、アロマテラピー学会、日本アーユルヴェーダ学会、日本ホリスティック医療学会、日本カイロプラクティック総連盟、日本鍼灸学会などで構成されている。

次に、民間、医学会の後押しもあり、同年五月十七日には、自民・公明・民主といった国会議員合わせて八十五人が参加する「統合医療を実現する議員の会」が結成されることになった。

この会の会長は綿貫民輔・前衆議院議長が就き、鳩山由紀夫氏(元民主党代表)、白浜一郎氏(公明党幹事長代理)に副会長を務めていただいた。

「実現する会」の発足で、統合医療実現のための政・学・民、すべての会がついに揃うことになった。三本の矢の完成である。

この三団体の緊密な連携を実現するために「日本ヘルス協会」は中心となって奔走した。私としては、この三団体を作ることが「日本ヘルス協会」の役目だったと思っている。

「統合医療を実現する議員の会」
会長・綿貫前衆議院議長（中央）、渥美先生（左）と著者

統合医療の推進活動は、医学のせまい範囲から抜け出て、ようやく社会活動としての広がりを持ちはじめてきたようで、私には大きな喜びであった。

そして、この三団体を作ることで、私の役目は一応終わったものと思う。この段階で私は「日本ヘルス協会」の理事長を元厚生大臣に譲って私は身を引くことにした。

大きな役目を終え、少し離れた場所から個人として健康医療体制について思うとき、生あるものすべては「生老病死」を免れないが、成人になったからには自分の健康は自分で保持するという強い自覚が必要だとつくづく思っている。

　もしも病に冒された場合は、最善の医療情報の中から最善の方法を探り出し、信頼する専門医にゆだねる以外にないが、すべてを医師任せではなく、自分の病は自分で治す強い意志を持つことが大切である。

　長寿化に伴う長い人生を「行動への意欲を持ち、環境に柔軟に適応しながら、さらに、的確な判断力と不屈の精神、最上の良識を合わせもつ」というベルグソンの理想的健康観を実現するために、私自身も理想の健康・医療を目指して今も努力を続けたいと思っている。

第六章

我が人生の時の人々

人生を振り返ってみるにつけて、実に多くの人に支えられていると思わずにはいられない。亡き両親を始めとして、多くの人たちのおかげで、今も私は命を長らえているといえる。

すべての方にお礼を申し上げたい心境であるが、それは到底不可能なことであるので、ここに感謝の言葉を述べることでお許しを願いたいと思う。

紙幅の関係もあり、ここに特に私がお世話になった方のエピソードを述べて、お礼の言葉とさせていただきたい。

我が人生の師、池田大作先生

私が人生の師と呼ぶ方は、お二人おられる。

一人は、我が永遠の師である、創価学会第三代会長、SGI会長の池田大作先生である。

池田先生から受けた指導は、私の人生の指針となって、今日に及んでいる。その受けた教えの数々を述べれば、おそらく一冊の本でも足りないくらいの膨大なものになるであろう。

ここでは、簡単なエピソードにとどめることとする。

私が東京の学校に入るために下宿したのは、東京大田区のアパートである。そこには、まだ創価学会第三代会長になる前の青年指導者として溌剌と活躍される池田先生の活動される地域であった。

さらに後に池田先生の奥様となられる香峯子夫人の御実家である白木家も近所にあり、若き日に大変にお世話になった大恩人である。

私がまだ、将来の夢も展望も持てずに、徒手空拳《としゅくうけん》でもがいているような時代に先生から指導をいただき、今も鮮明に憶えていることがある。

忘れもしない昭和三十二年六月三十日の創価学会学生部結成の日である。その時に池田先生からいただいた言葉は鮮烈であった。

「邪悪と戦わずして、何の知性か
民衆を守らずして、何の学問か
自らを鍛えずして、何の青春か」

私は、この池田先生の言葉に感銘を受けた。まさしく、私の魂に鋼のような芯を打ち込んでいただいたとの思いであった。

その日から、それこそ不眠不休で活動を続けた。さらに、社会に出てからも、私は池田先生の言葉を支えとして生きてきたといっていい。

もうひとつ、私の生涯の支えになっている言葉がある。

それは、冒頭にも触れた本書の執筆動機になっている言葉である。

「皆、自分が死を迎えるときに、『人間革命』の本を後輩のために書ける一生であってください」

これも学生部の時代に指導された言葉である。

短いながらも重くて深い。

それから半世紀以上にもわたり、私の人生の指針となっている言葉である。

私の『人間革命』を書くということは、生涯にわたり「宿命転換」を果たしていくということである。人間八十年も生きていれば、人生の途上にはあらゆることが起こる。いいこともあるが、事故や病気、トラブルなどはざらである。まして、幼い頃に被ばくをした身では、生涯、病魔に付きまとわられている。さらに会社経営となれば、あらゆる人間関係のトラブルが生起して当たり前の世界である。

病によって体がどうにもならない時、経営上の不測の事態で万事休すと思われた時、普通ならば落ち込み、頭を抱えてしまうところだろうが、私は違う。それが、私の宿命転換の機会、すなわち「人間革命」の絶好機であると思うからである。

そう思うと、体調がよくなったり、体のコンディションが良くなるような情報がもたらされたり、そうした技術や情報を持った人に出会ったりする。

また、会社の苦境の場合には、天啓のように素晴らしいアイデアが浮かんだり、ホワイトナイトが現れたり、社員が頑張ってくれたりして、困難を乗り越えたことは一度や二度ではない。

やはり、言葉の力はすごい。それを実感しないわけにはいかない。

池田先生に教えていただいた言葉で、感銘深くうかがった言葉がある。

第二代会長の戸田城聖先生が、池田先生に贈られた和歌である。

勝ち負けは　人の生命《いのち》の常なれど　最後の勝《かち》をば　仏にぞ祈らむ

勝つこと、負けること、人生にはいろいろある。しかし、最後は断じて勝つ、という意気でやっていきなさい、という指導を受けた。この言葉で何度も苦境から救われたことがある。

「仏に祈る」といっても「神頼み」をしろと言っているわけではない。仏に祈ることにより、苦境を乗り越える生命力を己の中に湧き出させ、突破していく行動力を起こすということである。

こうして書いていくと、いくら紙幅があっても足りない。また、別の機会があれば書くこととする。

人間学の師、安岡正篤先生

安岡正篤《やすおかまさひろ》先生といえば、政界のご意見番といわれ、歴代の総理がことあるごとに意見をうかがったという当代きっての東洋哲学者である。政界ばかりでなく、財界にも信奉者が多く、精神的支柱となっている。

そのような大変な方であることは存じあげていた。

私がまだ三十代の頃、私が友人たちと「サイパンの遺骨収集」を行うに際して、ある方の紹介でお会いした。

その折、同時に持ち上がっていた「南洋のリゾート開発はいかがなものか」とお伺いしたところ、「北は敗北につながるからダメだが、南はいいと思う」というようなお答えをいただいた。

謦咳《けいがい》に接する前にも、私は安岡先生のご本をずいぶんと読ませていただいていた。

晩年の安岡先生と著者（貴重な１枚）

私にとっては、安岡先生は「政界のご意見番」ではなく、あくまで「人間学の師」であった。

私は、これまで世間で著名人といわれる人と多く厚誼《こうぎ》を交わしてきた。しかし、いずれの方とも私利私欲で接したことは一度もない。事業を有利に運んだり、利を得られるような人を紹介してもらうというようなことも一度もない。これは私の誇りでもある。

私の場合、多く携わっていた社会活動のために知遇を得るということなのである。その点で、自分で言うのは口幅《くちはば》ったいが、知遇を得ている方々からは信用していただいていると言える。

だから、安岡先生のような大人物にお会いしても、そのお名前を利用しようと思ったこともないし、先生の人脈を利用しようなどということを考えたこともない。

ただ、人間として至らない点の多い自分を成長させるために教えを乞う、ということがすべてであった。

安岡先生の著作『運命を創る』の中に次のような一節がある。

「真に心ある者は、そういう環境（罪悪や腐敗の世・引用者）そういう大衆の中に、虚無的・頽廃的な生活をしておってはならない。そこに自ら、いかに寂寞であろうが、いかなる迫害を受けようが、毅然として孤独に生きる志操を持たねばならぬ。それだけの信念と識見を持たねばならない」

自分が「真に心ある者」とは思わないが、せめて、この安岡先生が申されている言葉を魂に刻んでいきたいと思うだけである。

世の中の腐敗・堕落ぶりを指摘し、批判するのはたやすい。だが、それをいかように変革していくのかとなると、容易ではない。

だからといって、諦めるのでない。たとえ、道半ばであっても、後世のために、その道筋をつけていく、ということはできる範囲でやっていきたいと思うだけである。

時折、挫けそうな弱い心に、安岡先生の言葉は、鞭をふるってくださる。だから今でも、折々に安岡先生の著書をひも解くことが少なくない。

安岡先生の本の中に孔子の『論語』が引用されることがしばしばである。

このような一節が引かれている。


「憤を発して食を忘れ、楽しんで以って憂を忘る」


これは、孔子のことを言っている。「物に感激して食べるのを忘れ、努力の中で楽しんで憂いを忘れる」という意味である。

「だから、年をとることを知らない人である」という意味である。つまり、いつまでも若々しく生きる秘訣とでもいえるだろう。
私もこの言葉を忘れないようにしている。

無私の人、鬼塚喜八郎氏

アシックスの創業者、鬼塚喜八郎氏は無私の先輩である。裏表のない人である。私は終生の友として厚誼を交わした。

鬼塚さんの有名なエピソードがある。親しくなった戦友と約束した。この戦友が戦地に行くことになったので、戦地から戻るまで、自分が養子縁組を結ぶ予定であった養父母の面倒を見て欲しい、というものであった。

残念ながら戦友は戦死して戻ることはなかったが、彼に代わって養子縁組をした。その養父が鬼塚という。

その後、県の教育委員会から、「青少年がスポーツに打ち込める靴を作ってほしい」という要請を受けて、「鬼塚商会」を立ち上げることとなる。その際のアシックスが標榜する「健全な身体に健全な精神があれかし」を教えられる。

鬼塚さんは、「法華経経営」を唱えるユニークな経営者であった。実際に朝晩、法華経を唱える仏教徒であったが、いったいどのような経営なのか興味を持ったところから、鬼塚さんの神戸の会社に電話してお会いすることになった。飛行機で羽田空港に来られるとのことだったので、羽田までお迎えに上がり、かばん持ちをさせていただいた。これがご縁で、仕事以外の社会活動を一緒にさせていただいた。

鬼塚さんは、経営者たるもの「自他ともに幸せなり」という仏の境地に到達しなければならない、と常に考えられていた。他人が幸せになっていくことに尽くすことが、自分の向上と完成につながる修行になると考え、それを実践されていた。

カンボジアでの小学校寄贈式典にて
鬼塚氏（右）と著者

まず、株主様、取引業者様、お客様が良くなることを徹底的にやるように指示した。その結果、社員も良くなり、会社も良くなり、その結果として自分も良くなる、という順番で、自分はいつも最後においておられた。

裏表のまったくない方でもあった。

私が国連支援交流財団の活動として、カンボジアに小学校を作る案を提案した時も賛同していただき、各方面の働きかけや資金集めも積極的に協力してくれた。財団は、最終的に四十二校を寄付することができた。その陰には、鬼塚さんの力がたいへん大きかったといえる。

また、当時赤色クメールという共産主義の団体が、何の罪もないカンボジアの人々を数百万人も虐殺した時であった。爆弾や地雷、銃撃等によって二十万人もの人たちが手足を失い、つらい思いをしていた。

その姿は他人ごとに思えなかった私たちは、現地に義足を作る工場を作ろうと考えた。日本の工場の技術は優れていたが価格が高すぎた。インドは格安だったが、木の棒に毛が生えたようなお粗末なもので、とても実用に耐えない。価格がリーズナブルで、しかも機能性がある物を探して、中国の工場にたどり着いた。

医者、技術者、職人を誘致し、五〇〇〇坪の土地を確保して、義足工場を作り、多くのカンボジアの人々に義足を提供することができた。

このプロジェクト実現には、公明党副委員長であった渡部一郎先生ご夫妻（元国会議員）や鬼塚さんの労を惜しまぬ働きが大きかったことを改めて思うものである。

また、義足を得て、不自由なく動けるといっても、生活の糧を得なくてはならない。そこで、日本国内にある中古の足ふみミシンを集め、カンボジアに送る運動も行った。現地の人々の自立を促すことに大いに役立ったはずである。

その際にも鬼塚さんの働きで、オリンピック銀メダリストの有森裕子さんの協力を得られ、カンボジア・アンコールワット一周マラソン大会を開催できたのであった。

終生の兄貴分、渡部一郎氏

私は故あって、創価学会とは青年部を最後として、組織活動を行わなくなった。したがって、組織利用的なことも一切行っていない。しかし、池田門下生であることは変わりないし、日蓮大聖人の仏法を受持し、信仰を保ち続けることに変わりない。こうした私が、例外として、生涯にわたり厚誼をいただいたのが、公明党議員でもあった渡部一郎氏である。

渡部さんとは、私が学生部員として活動していた折に学生部長として指導していただいた頃からのご縁である。渡部さんは、当時は本当に不眠不休で活動していた。私たち学生部員を集めて、夜を徹して話をしてくれることもしばしばであった。渡部さ

渡部一郎公明党議員夫妻

んは大変な勉強家で実に話題が豊富、毎回、さまざまな話題を提供して、論壇風発、時の経つのも忘れるばかりであった。

睡眠時間を削ってでも、渡部さんの話を聞いていきたいという学生は、私以外にも数多かった。後年、渡部さんは、国会議員に転身すると、「一路会」という勉強会を立ち上げた。毎月、帝国ホテルで長谷川啓太郎氏や竹村健一氏など、当代一流の講師を招いての勉強会であった。

また、参加しているメンバーにも政界、財界、学者、文化人など錚々《そうそう》たる人士が並び、私の人脈を広げるために一方ならぬ役割を果たしてくれた。

何度も繰り返すようだが、私はそうして構築した人脈を自分個人や会社が有利になるようなことには一切使わなかった。私と渡部さんの関係も同様であった。

私の社会活動には、渡部さんはどんな忙しい時でも嫌な顔ひとつせずに、いつも協力を惜しまれなかった。私のさまざまな活動には、このような優れた先輩の応援があったればこそであった。

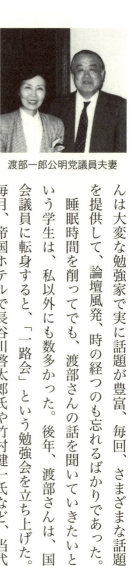

戦争のことを教えた中條高徳氏

アサヒビールの名誉顧問である中條高徳氏とも親しくお付き合いいただいている。

ある日、中條さんは手紙を私に見せて、「どう思うか」と尋ねられた。

それは、父親の転勤でニューヨークの高校に通っている孫娘からの手紙で、おじいちゃん（中條さん）への質問状だった。かなり分厚い手紙で、何でも高校の歴史の授業の課題で、「家族や知人で戦争の体験をした人に話を聞いてレポートにしなさい」というものだという。手紙には、「おじいちゃんへの質問」が十六項目並んでいた。

「なぜ、軍人の学校に進んだのか」「アメリカとの戦争は正しかったと思う？」「極東軍事裁判はどう思うか」などという、個人史から歴史の見方や日本の伝統まで幅広い質問が並んでいた。

私はそれを拝見した時に、これはひとりお孫さんの問題ではなく、学校できちんとした近代の日本の

中央が中條氏
統合医療学会会長の渥美先生（左）と著者（右）

歴史について学ぶ機会がなく、多くの若い世代が、お孫さんと同じ状態だと思った。

だから、中條さんに「ぜひ本にされたらいい」と申し上げた。

そこで、中條さんはお孫さんを通して、若い日本人に向けて本を書かれた。

それが、ベストセラーになった『おじいちゃん戦争のことを教えて』（小学館）という本である。

やはり、いつの時代になっても正しい歴史教育というものは、必要であることを痛感する。

私もこの本は一読し、感銘を受け、私の孫にも勧めたものである。

中條さんには、私の社会活動を応援していただいて、ずいぶん助けていただいた。

この本でもわかるようにまっすぐな、優れた日本人の典型のような人物である。

人との縁を大切にした前野徹氏

日大の大先輩といっていい前野徹さんとも大変親しくお付き合いしていただいた。

というよりも、前野さんによって、人との縁をいかに結ぶかということを実地で教えていただいた、といっていいかもしれない。

前野さんは、東急グループの総帥、五島昇氏の右腕として活躍された方で、東急エージェンシーの社長を長らく勤められた方である。その人脈は幅広く、政界、財界から文化人、芸能人まで幅広い人間関係を構築されておられた。

前野さんは、人の縁というものを実に大事にされた。

座右の銘をうかがったことがあるが、「小才は縁に出会って縁に気づかず、中才は縁に気づいて縁を生かせず、大才は袖すり合った縁をも生かす」という「柳生家の家訓」だった。

前野さんの人生は、まさにこの家訓に生きた人生といってもいいものだった。

前野さんが生前、肺がんから生還された折り、快気祝いのパーティーが目白のフォーシーズン・ホテルで催された。その時、挨拶に立ったのが、中曽根康弘元首相、石原慎太郎東京都知事、亀井静香氏であった。

また、前野さんの葬儀は青山葬儀場で行われたが、葬儀委員長が中曽根元首相、友人代表が石原都知事、伊藤雅敏セブンイレブン名誉会長、上篠清文東急電鉄会長の三名。列席者には安倍晋三首相、小沢一郎民主党代表をはじめとして、政界財界の名だ

前野氏（右）と著者（中央）
ライフコーポレーション会長の清水氏（左）

たる人で埋まり、不謹慎な言い方になるが、まさに壮観といった光景で、前野さんの人生の縮図を見せられた思いであった。

　前野さんとは、日大のＯＢ・ＯＧに経営者が多いことから、みんなが集まって日本の未来を担えるような人材を輩出するように「日大経済人カレッジ」を創設し、その初代理事長に収まってもらった。当代、前野さんほどこの地位にふさわしい人物はいなかったからである。

　私もその末席を汚させていただき、多くの人脈を構築する機会をいただいた。

　中曽根元総理や石原元都知事、綿貫民輔元自民党幹事長、清水信次ライフコーポレーション会長、和田一夫ヤオハングループ代表をはじめとして、政財界、文化人、芸能人など各界の著名人との交流の機会をいただいた。これもひとえに「人脈の達人」ともいえる前野さんのおかげである。

前野さんは、元々、読売新聞、東京新聞で筆をふるっておられた方であるから、書籍もずいぶん出版されておられる。

本当の日本の歴史は何か、ということにかかわり、経世の書に腕を振るわれた。その代表作である『わが愛する孫たちに伝える戦後歴史の真実』においては、不肖私の被爆体験を名文のもとに書き記していただいた。

私の被爆体験というより、日本の戦後の在り方とアメリカの不条理さというものを達意の文章で伝えるものである。私はその一節を拝読して、自分の体験でありながら感銘を受けたことを憶えている。

医療の革命児だった徳田虎雄氏

若き日に私の前にさっそうと現れた徳田虎雄氏は、現代医療の矛盾を打破して、新しい医療の体制を構築することを熱く語っていた。誰でも、どこでも、いつでも、必要な医療を受けられる制度を作るために徳洲会病院を作るというビジョンに打たれ、私もその協力を惜しまなかった。

お金もかかるし、今の医療制度を打破するためには、政治の力も必要であることを痛感していた私は、自民党のみならず、公明党から民主党、社民党まで超党派で幅広く国会議員の先生方を紹介した。また、多くの財界人をも紹介していった。

そうして構築した人脈を活かし、もちまえのバイタリティによって、徳洲会病院は全国的に設立されるようになった。

しかし、徳田氏が政党を旗揚げし、自らも政治家になるという話を持ってきたときに、これでお付き合いを終える旨を伝えなければならなかった。

私は自分の野心のために人を利用するということは最も嫌うところである。徳田氏の生き方と私の生き方は、大きく方向をたがえることとなる。

私は私で、あるべき医療の姿を探るということで、その後、新たな道を模索することになった。

第七章

世界の未来と平和の実現

近未来の世界像

昨今、大きな書店に行くと、これから世の中がどうなるか、という未来予測の本がたくさん並んでいる。特にＡＩ（人工知能）技術の進化とロボット技術の発達と普及によって、産業構造が大きく変わり、今の仕事の多くが近い将来なくなってしまう、ということが喧伝されている。

そうした本を何冊か読んでみて思うのは、私たちは、今、これまで経験したことのない、まったく新しい世界に入りつつある、ということである。

いつの時代も、確かに未知の領域であり、新しい体験ということはある。しかし、これから訪れる世界は、これまでの世界とは比較にならない新しい時代と経験なのである。

「シンギュラリティ」という言葉がある。

ずいぶん人口に膾炙《かいしゃ》している言葉のようだが、良くわからないので、その方面に詳しそうな人に聞いてみた。

シンギュラリティとは、「技術的特異点」という意味らしいが、要するにＡＩが発達して、人間の知性を超えることにより、人間の生活に大きな変化が起こることを言うようである。

その時期が二〇四五年頃ということだが、ＡＩの進化のスピードは、我々の予想を超えることもあり、その時期が前倒しになることもあるという。

あと十年もすると、今の仕事の半分くらいは、ＡＩやロボットが代わりにやるようになって、人間がやることがなくなってくるという。つまり、今ある仕事の半分は無くなるということである。

具体的には、その頃には、自動車の自動運転が実用化されてくるという。現在のタクシーの運転手、トラックの運転手の仕事がなくなるという。すると一三五万人の運転手の仕事が無くなると予想されるのである。もちろん、これだけの数の人が失業するとなれば、大いに社会問題となることから、当然、そのための対策が講じられることだろう。

しかし、これはひとり運転手だけの問題ではなく、さまざまな業界で起こることだろう。

現在、大手銀行で大量のリストラ計画が進められているのも、その一端であろう。銀行員の仕事をコンピュータが代わりにやってくれるのである。

また、聞いた話では、士業が近い将来無くなるという。士業とは、弁護士、税理士、弁理士、社会保険労務士、司法書士、行政書士等々である。こうした法令に則り行う仕事は、ＡＩが正確に行うことができるようになるという。

したがって、資格さえ持っていれば食っていける、という時代は終わりつつあるのかもしれない。

シンギュラリティ後の二〇五〇年頃になると、今の仕事の九十九パーセントが無くなるという。その頃、残っているのは、ＡＩやロボットが苦手な仕事になる。クリエイティブな仕事ですら、ＡＩが代替できる時代に残っている仕事とは何か。

それは、コンビニエンス・ストアで、商品をバックエンドから運んで、商品ごとに棚に並べる、というような単純だが、手を使って物を分類して並べるということが、どうも人工知能を搭載したロボットは苦手のようである。それは人間に残された仕事ということだが、最低賃金の仕事であろう。

では、このような大半の仕事がなくなってしまったら、人間はどうしたらいいのだろう。

そのような時代の未来予想図は、大きく二つあるという。

つまり、天国と地獄、である。

未来は天国か、地獄か⁉

天国編は、BI、つまりベーシック・インカムが導入されることになる。

ベーシック・インカムとは、国が全国民に対して、最低限の生活ができるのに必要な額の現金を支給するという政策。

誰もが働かなくても食べていける。あるいは、必要なサービスを受けられるというもの。だから、働きたい人はボランティア的に働き、働きたくない人は働かなくても食っていける世の中となる。ほとんどの仕事はAIやロボットが何の不満も漏らさずに働いてくれる。

さて、地獄編だが、仕事は無くなってしまうが、ベーシック・インカムが導入されないので、収入もない、という状態。そうなると、国内に仕事はないから、将来発展しているだろう中国やインド、東南アジアに出稼ぎに行って、奴隷のようにこき使われることになる。

日本人は真面目に仕事することから、需要はあるが、待遇は最低になるかもしれない。どちらの世の中になるかは、世界を指導する者たちが、いかなる選択をするかである。

何年か前に話題になった本にトマ・ピケティ『二十一世紀の資本』という本がある。現在の資本主義は、格差を生み出すという矛盾を内包しているということを主要国の過去二〇〇年のデータを分析して、結論づけた本である。

この本で指摘しているのは、「資本収益率が常に経済成長率が上回ることにより、経済的格差が広がるという要因が、資本主義そのものに内包されている」ということである。それを是正するためには、グローバルな税制の改革が必要であることを述べている。

を意味している。

「資本収益率が経済成長率を上回る」ということは、著者によれば、次のようなこと

資本収益率が平均四パーセントから五パーセントに対して、経済成長率は平均一パーセントから二パーセントにすぎない。つまり、資本を有する資本家が資本を使って投資すれば、平均四、五パーセントの収益を得られるが、資本を持たない労働者は、いくら働いてもその成長率は一、二パーセントなので、この格差を是正する措置をこらさず、市場の動向に任せるならば、その格差は広がるばかりである、という。つまり、資本主義の続く限り、この格差は広がり続け、是正されることはないというのである。

このような経済利益の拡大を最優先する資本主義のあり方は、臨界点を迎えているように思う。日本を代表する大企業が、データ改ざんや社員に不正を行うことを強要して社会的な信用を失うような事態が続出している。

日本社会全体に、企業ばかりか公的機関、教育機関、地方公共団体等にもモラルハザードが広がっている。日本人総体の精神の地盤沈下が進行しているようなありさま

である。その根本には経済的な歪みが潜んでいるはずである。

経済という言葉の本来の意味は、「経世済民《けいせいさいみん》」ということである。経世済民とは、中国の古典に登場する言葉で、「世を経《おさ》め、民を済《すく》う」という意味であり、「世の中を統治し、国民を安心して暮らせるようにする」ことをいうのである。しかし、現今の経済は、本来の意味を体現しているだろうか。はなはだ疑問に思っているのは、私だけではないだろう。

現在の世界は激変期だと思う。

これからの世界は、二十世紀型の資本主義では、もうもたないだろう。すでにシステム疲労を起こし、限界に来ているように思う。しかし、それに代わるべき社会主義はとうに地球上から消えている。

ＩＴ技術の眼をみはるばかりの発展によって、世界は狭くなっている。同時に三次元世界と仮想空間の二つの世界で私たちは生きるようになっている。

従来の貨幣経済では、とらえきれない経済システムが導入されつつある、ということである。

新たな経済システムの構築を

こうした新たな世界経済に対応する新たなシステムを構築しなければならなくなっている、ということがいえる。

単純に言って、仮想空間で動いている通貨は、実体経済で流通する通貨の何百倍もあるという。しかも、バーチャルといいながら、それが実体経済を支配しているのである。そして、膨張する仮想空間の通貨量をもはやコントロールできていないとも言われる。見えない世界では、とんでもないことが進行しているようである。

さらにアメリカにトランプ大統領が誕生して、世界経済の動きが変わってきていることは日々のニュースで実感していると思う。「アメリカンファースト」とか「ポピュリズム」という、自国エゴをむき出しにした政策が、テレビや新聞でいつも目にするようになったからである。

このような考えを私は「欲望民主主義」と言っている。

大国アメリカがそういうことを言い出して「自国さえ良ければいい」という思想を露わにしてきている。世界の良識ある人々は、重大な危惧を抱いているはずだ。

現代は、従来の経営学説ではどうにもならない時代のように思われる。新しい時代に対応できる新しい経済学というものが要請されているのではないだろうか。

しかるに、欲望民主主義のまま突き進んでいくと、その先には破滅が待っていることは、容易に予想できる。

本当に自国ファーストの先に「真の豊かさ」があるだろうか。

真の豊かさとは何か。

それは、多くの人の犠牲の上に成り立つものだろうか。

自国のために有限の資源を奪うものでもないだろう。奪えば奪われることを恐れ、敵を作ることになる。

「真の豊かさ」とは何かという命題は、これまでも多くの機会において私たちに突きつけられてきた。

「豊かさ」は、その人が物質的、精神的のどちらに価値観を見出しているかによって大きく変わってくる。私には物質的な豊かさとは、刹那的で、科学や技術が進歩する限り尽きることのない「欲求」としか見えない。自由な競争や開かれた経済が、個人や国家の物質的豊かさ、自国ファーストとならないように、新しい自由福祉経済主義的な社会を築かなくてはならないと思う。

真の豊かさを知る

真の豊かさというものを、私たち日本人は知っているはずである。

美しい日本社会を蘇らせるには、学校教育を立て直すことは当然のこととして、さらには社会、親、子の教育以外にないと思う。

社会人は企業および団体において親教育を塾形式でおこない、歴史は現在から過去へ、とくに明治以降の近代史を正しく学ぶ必要がある。

そうすれば、礼節、敬心、作法はもとより、良き日本文化、伝統等、日本人として、人間として基本を学ぶことから、美しい日本社会を再構築していけると思う。

ある新聞に「高度のグローバル化は『地球を一つ』にしたが、同時に苦しみに鈍感な『他者性の不在』という病理が地球を覆っている」と記述されていた。これからの社会を思うとき、ＩＴ、携帯電話が普及した社会についても、真剣にその病理に対する対策を考えなくては、大変なことになると思わないではいられない。

これからの社会を歴史の根源から思考する

世界は今、二十一世紀の新たな秩序と価値観を模索する中、歴史的な大激変期を迎えている。とくに日本では、政・官・財の混迷ぶりはいうまでもなく、科学技術の発達は生活環境を極端に悪化させ、数々の健康阻害も深刻となっている。メディアの伸長と情報の氾濫は思考の怠惰を招き、都市人口の過密は犯罪の激増を生み、人心は荒廃して品性のない堕落が続いているように見える。

真に日本を愛した英国の思想家カーカップは、次のように言っている。

「経済的な大打撃、動きがとれない不況などが現代日本を救済する神の恩寵になるかも知れない。あまりにも残酷な手段だが、壊滅的な地震もその目的を果たすかも知れない。誰れも彼も、みなゼロから再出発しなければ、精神的文化的な立て直しはできないだろう」

一九七一年に警告していたこの言葉が、悲しいことに、現在の日本に的中しつつあるように思う。

第四次産業革命という変革

先ごろ、日本経済新聞において世界経済フォーラム（WEF）のクラウス・シュワブ会長のインタビューが掲載されていた。それを読んで、思うところを述べておこう。

世界経済フォーラムとは、『日本大百科全書』では、次のように解説している。

「市場原理、自由貿易、技術革新などを共通の価値観とし、グローバル経済の発展や地球環境の保護、貧困や差別の撲滅、国際平和の推進などのために活動する非営利財団。略称WEF。毎年一月スイスのダボスで、世界の一〇〇以上の国・地域から企業経営者、政治家、学者ら二〇〇〇〜三〇〇〇人を招いてダボス会議（正式名称「世界経済フォーラム年次総会」）を開くことで知られる。（中略）国際連合のオブザーバー機構でもある」

世界の経済にも少なからず影響力を持つ世界経済フォーラムの代表として、四十七年にわたる活動しているシュワブ会長の発言だけに、単なる学者の発言とは次元を異にするものがある。

シュワブ会長は、現在起きている変革を「第四次産業革命」と位置付けている。同名のタイトルの著書もあるので、そちらも参照しながら、これからの経済について考えていこう。

第四次産業革命の前提になるこれまでの産業革命は、「蒸気機関の発明と鉄道建設とによりもたらされた第一次産業革命（一七六〇年代〜一八四〇年代）」「電気と流れ作業の登場によってもたらされた第二次産業革命（十九世紀後半〜二十世紀途中）」「コンピュータ革命あるいはデジタル革命の第三次産業革命（一九六〇年代〜一九九〇年代)」ということになる。そして、第四次産業革命は、今世紀に入って始まっているとする。

「数十億人がモバイル機器で互いに接続可能になったときの、無限の可能性を考えてみてほしい。かつてない処理能力や保存容量、情報や知識へのアクセスがモバイル機器によって実現するだろう。あるいは、エマージングテクノロジー（先端的技術）のブレイクスルーが大量に同時発生していることに思いを馳せてほしい。少し例を挙げるだけでも、人工知能（ＩＴ）、ロボット技術、インターネット・オブ・シングス（ＩｏＴ）、自動運転車、３Ｄプリンタ、ナノテクノロジー、バイオテクノロジー、材料科学、エネルギー貯蔵、量子コンピュータなどブレイクスルーは多様な領域に広がっている」（『第四次産業革命』日本経済新聞出版社刊）

「私たちは新しいビジネスモデルの出現、従来モデルの破壊や生産、消費、輸送、配送システムの再編成に示されるような、あらゆる産業にわたる根本的転換に直面している」（同前）

「社会では、働き方やコミュニケーションの方法、さらには自己表現や学習、気晴らしの方法についても、パラダイムシフトが進行している。教育、医療、輸送の各システム同様に、政府機関や関係機関も一様に変わりつつある」(同前)

このように社会のあらゆるレベルにおける変化が、圧倒的なスピードで起きていることを私たちは認識しておく必要があるだろう。しかも、この変化というものは、目に見えにくい。なぜなら、変化の多くがバーチャル空間において起きているからである。

しかし、シュワブ会長が指摘しているように「現在起きている変化は、その規模、スピード、範囲のいずれから見ても歴史的なもの」なのである。

しかも、この第四次産業革命は、従来の産業革命のように線形の変化ではなく、指数関数的ペースで進行するという。つまり、複合的な領域における進化が進化を呼ぶというような、おそらく今までの常識では考えられないような、想像を絶するスピードと領域において進行するということであろう。

変革の時代における日本の役割

こうした変化に、果たして人類は対応できるのだろうか。

シュワブ会長は、課題はふたつあると指摘している。ひとつは「地政学」であるという。

「私たちは『一極』から『多極』世界に移行しつつある。それは『単一概念』から『複数概念』の世界への移行といってもいい。（中略）だが、現実には『概念』を異にする強国がまた台頭しつつある。この状況下では共通利害はあるが共通価値がない、非常に悩ましい世界に向かう」

技術の進化により、世界は益々狭くなっている。そこでは、利害を共有する機会が増加することは間違いない。しかし、価値観が異なる場合、メリットばかり追求して、リスクを負わないというわけにはいかない。しかし、そこに共有できる価値観がないと難しいことにもなってくる。誰もが共有できる価値観というものを確立していく必要はあるだろう。

資本主義の根底には、マックス・ウェーバーの指摘に従えば、キリスト教におけるプロテスタンティズムをベースとしている。従って、新しい世界における価値観というものは、それとはまったく異なるもので、しかも全人類を包含できるだけのスケールを持ったものでなければならない。私は、それは仏法思想に基づく価値観ではないかと思う。

第四次産業革命の課題として挙げているもう一つの点は、「第四次産業革命に我々がどう習熟するか」ということである。この革命は、単に技術の領域の革命だけでなく、社会、政治にまで、要するに社会の全領域、否、世界全体のあらゆる領域に及ぶということであろう。

そこでは、イデオロギーによる相克ではない、新たな相克が生まれるという。

それは、「変化が著しさを増す中で、それを積極的に受け入れたい人、待ち焦がれている人々と変化を恐れる人々の相克」であるという。

そして変化を恐れる「保守的」な人々は、その解決策としてナショナリズムやポピュリズムという過去の手法に見出そうとする、という。しかし、それは仕方無いことであるように思う。

こうした世界的変革の時代にあって、日本が担う役割も重要であると、シュワブ会長は指摘している。

「日本は少子化で物質的な消費が減り、高齢化も進む社会であるがゆえに特別な役割を担う。第四次産業革命の世界には思いやりと分かち合いの要素が必要だ。そうした時代はやがて世界規模で訪れるから、指導的地位に立てるのは日本だ。また、立つべきだと思う」

このように日本がこれから訪れる新しい世界において果たすべき役割は大きいと指摘している。しかも、わざわざ「立つべきだと思う」と強く要請している点を私たちは肝に銘じるべきであると思う。

あとがき

二〇一七年一月、私は身辺整理して、終の住居に引きこもり、私の遺言ともいうべき書をしたためる用意が整い、お世話になった各方面に挨拶文を送付した。

私の本書に対する思いが率直にこもっているので、ここに引用して、あとがきにかえさせていただこう。

「私事、五年前、原爆症による肝細胞癌に認定されて以来、NPO日本ヘルス協会をはじめ、自然美グループなど、全ての事業・会社の整理を始め、人生の後始末を行い乍ら苦闘の日々が続いていましたが、昨年末、ようやく〝終の住居〟を左記、石神井公園と富士山が展望できる場所に転居しました。

昨年、喜寿も過ぎ、人生も林住・遊行期に入り、ライフワークである〝健康生活の在り方〟と、広島での被爆体験をもとに〝核兵器廃絶と平和社会の実現〟についての書をまとめながら、残りの人生を歩みたいと思います。

自然豊かな石神井公園も目前です。お近くにおいでの節はお立ち寄り下さい。

平成二十九年（二〇一七年）一月吉日

萩原　俊雄」

構想を十分に練り上げたつもりだったが、いざ書いてみると思いは溢れており、とうてい一冊には収まらぬ気がしている。何よりも一冊で語れることで、世に伝えうることは何ほどのものであろう。

ともあれ、ここにしたためたものは、現在の私の偽らざる心境である。

天が私にもう少し時間を与えていただけるものならば、さらなる思いを書き続けることができるだろう。

読者諸兄の忌憚のない感想を聞かせていただければ、著者としてこの上のない喜びである。

本書を今は亡き両親、そして私の人生の師である池田大作先生に捧げる。

平成三十年五月吉日

著者

著者略歴
萩原俊雄（はぎはら としお）

昭和 14 年広島市生まれ。

自然美グループ代表として健康美容の啓蒙と平和活動に人生を捧げた経緯は本書に詳しい。

現在、健康医療コーディネーター、健康美容コンサルタント、（財）日本健康文化振興協会評議員、（社）日本健康医療学会理事、（社）日本春風の会幹事、国づくり人づくり財団賛同顧問

核《かく》なき平和《へいわ》を求《もと》めて　原爆《げんばく》で生《い》き残《のこ》った最後《さいご》の経営者《けいえいしゃ》

2018 年 8 月 15 日　初版第 1 刷発行
著　者　萩原俊雄
発行者　鎌田順雄
発行所　知道出版
〒 101-0051 東京都千代田区神田神保町 1-7-3 三光堂ビル 4F
TEL 03-5282-3185 FAX 03-5282-3186
http://www.chido.co.jp
印　刷　モリモト印刷

ISBN978-4-88664-313-1